一 ⺈ ⺈ ⺈ ⺈ ⻗ ⻗ 𤔩 爫 爱 爱

ài

爱 | 爱 爱 爱 爱 爱 爱 爱 爱 爱 爱 爱 爱 爱 爱

丿 八

bā

八 | 八 八 八 八 八 八 八 八 八 八 八 八 八 八

丿 八 父 父 爷 爷 爸 爸

bà

爸 | 爸 爸 爸 爸 爸 爸 爸 爸 爸 爸 爸 爸 爸 爸

丿 八 父 父 爷 爷 爸 爸

ba

爸 | 爸 爸 爸 爸 爸 爸 爸 爸 爸 爸 爸 爸 爸 爸

一 十 才 木 木 杯 杯 杯 杯

bēi

杯 | 杯 杯 杯 杯 杯 杯 杯 杯 杯 杯 杯 杯 杯

了 了 子

zi

子 | 子 子 子 子 子 子 子 子 子 子 子 子 子

丨 ㅓ ㅓ ㅓヒ 北

běi

北 北 北 北 北 北 北 北 北 北 北 北 北 北

丶 亠 宀 亠 古 京 京 京

jīng

京 京 京 京 京 京 京 京 京 京 京 京 京 京

一 十 才 木 本

běn

本 本 本 本 本 本 本 本 本 本 本 本 本 本

一 丆 不 不

bú

不 不 不 不 不 不 不 不 不 不 不 不 不 不

丶 宀 宀 宀 宻 宩 客 客

kè

客 客 客 客 客 客 客 客 客 客 客 客 客 客

丿 气 气 气

qi

气 气 气 气 气 气 气 气 气 气 气 气 气 气

一 一 艹 艹 艹 艹 艹 芕 莁 苹 菜 菜 菜

cài

菜 | 菜 | 菜 | 菜 | 菜 | 菜 | 菜 | 菜 | 菜 | 菜 | 菜 | 菜 | 菜 | 菜 | 菜

一 一 艹 艹 艹 苁 苓 苓 茶 茶

chá

茶 | 茶 | 茶 | 茶 | 茶 | 茶 | 茶 | 茶 | 茶 | 茶 | 茶 | 茶 | 茶 | 茶 | 茶

丨 ㇆ 口 口 吁 吃

chī

吃 | 吃 | 吃 | 吃 | 吃 | 吃 | 吃 | 吃 | 吃 | 吃 | 吃 | 吃 | 吃 | 吃 | 吃

㇄ 凵 屮 出 出

chū

出 | 出 | 出 | 出 | 出 | 出 | 出 | 出 | 出 | 出 | 出 | 出 | 出 | 出 | 出

丿 ㇒ 千 禾 禾 利 和 和 租 租

zū

租 | 租 | 租 | 租 | 租 | 租 | 租 | 租 | 租 | 租 | 租 | 租 | 租 | 租 | 租

一 ㇀ 左 车

chē

车 | 车 | 车 | 车 | 车 | 车 | 车 | 车 | 车 | 车 | 车 | 车 | 车 | 车 | 车

一 丁 才 打 打

dǎ

打 打 打 打 打 打 打 打 打 打 打 打 打 打

丶 冂 冂 日 电

diàn

电 电 电 电 电 电 电 电 电 电 电 电 电 电

丶 讠 订 评 评 评 话 话

huà

话 话 话 话 话 话 话 话 话 话 话 话 话 话

一 ナ 大

dà

大 大 大 大 大 大 大 大 大 大 大 大 大 大

丿 亻 白 白 白 的 的 的

de

的 的 的 的 的 的 的 的 的 的 的 的 的 的

丨 卜 上 占 占 点 点 点 点

diǎn

点 点 点 点 点 点 点 点 点 点 点 点 点 点

丨 冂 曰 日 电

diàn

电	电	电	电	电	电	电	电	电	电	电	电	电	电	电

丿 刀 月 月 月` 月亠 月亠 肞 脑 脑

nǎo

脑	脑	脑	脑	脑	脑	脑	脑	脑	脑	脑	脑	脑	脑	脑

丨 冂 曰 日 电

diàn

电	电	电	电	电	电	电	电	电	电	电	电	电	电	电

丶 ㇇ 礻 礻 礻 礻 初 视

shì

视	视	视	视	视	视	视	视	视	视	视	视	视	视	视

丨 冂 曰 日 电

diàn

电	电	电	电	电	电	电	电	电	电	电	电	电	电	电

丨 冂 日 日 旦 早 昌 昌 景 景 景 景 影 影

yǐng

影	影	影	影	影	影	影	影	影	影	影	影	影	影	影
影	影	影	影	影	影	影	影	影	影	影	影	影	影	影

一 七 ち 东 东

dōng

东 东 东 东 东 东 东 东 东 东 东 东 东 东

一 厂 冂 丙 西 西

xi

西 西 西 西 西 西 西 西 西 西 西 西 西 西

一 十 土 耂 耂 者 者 者 者 都 都

dōu

都 都 都 都 都 都 都 都 都 都 都 都 都 都

丶 讠 讠 讠 诗 读 读 读 读 读

dú

读 读 读 读 读 读 读 读 读 读 读 读 读 读

丁 又 又 对 对

duì

对 对 对 对 对 对 对 对 对 对 对 对 对 对

一 丁 丆 不

bu

不 不 不 不 不 不 不 不 不 不 不 不 不 不

一 十 土 キ キ キ 走 起 起 起

qǐ

起 起 起 起 起 起 起 起 起 起 起 起 起 起 起

ノ ク ク タ タ 多 多

duō

多 多 多 多 多 多 多 多 多 多 多 多 多 多 多

ノ ク ク タ タ 多 多

duō

多 多 多 多 多 多 多 多 多 多 多 多 多 多 多

丨 小 小 少

shǎo

少 少 少 少 少 少 少 少 少 少 少 少 少 少 少

ノ 儿

ér

儿 儿 儿 儿 儿 儿 儿 儿 儿 儿 儿 儿 儿 儿 儿

乛 了 子

zi

子 子 子 子 子 子 子 子 子 子 子 子 子 子 子

一 二

èr

二

丿 𠂊 𠂉 饣 饤 饭 饭

fàn

饭

丶 亠 广 广 庐 庐 店 店

diàn

店

乁 飞 飞

fēi

飞

一 𠄌 扌 朾 机 机

jī

机

丿 八 分 分

fēn

分

丿 ㇉ ㇟ ㇟ 钅 钅 钅 钅 钟

zhōng

钟 | 钟 | 钟 | 钟 | 钟 | 钟 | 钟 | 钟 | 钟 | 钟 | 钟 | 钟 | 钟 | 钟

丶 亠 产 亠 亠 产 高 高 高 高

gāo

高 | 高 | 高 | 高 | 高 | 高 | 高 | 高 | 高 | 高 | 高 | 高 | 高 | 高

丶 丷 ⺍ 兴 兴 兴

xìng

兴 | 兴 | 兴 | 兴 | 兴 | 兴 | 兴 | 兴 | 兴 | 兴 | 兴 | 兴 | 兴 | 兴

丿 入 个

gè

个 | 个 | 个 | 个 | 个 | 个 | 个 | 个 | 个 | 个 | 个 | 个 | 个 | 个

一 丁 工

gōng

工 | 工 | 工 | 工 | 工 | 工 | 工 | 工 | 工 | 工 | 工 | 工 | 工 | 工

丿 亻 亻 仁 作 作 作 作

zuò

作 | 作 | 作 | 作 | 作 | 作 | 作 | 作 | 作 | 作 | 作 | 作 | 作 | 作

ノ 丿 犭 犭 犭 犳 狗 狗

gǒu

狗 狗 狗 狗 狗 狗 狗 狗 狗 狗 狗 狗 狗

丶 冫 氵 汀 汉

hàn

汉 汉 汉 汉 汉 汉 汉 汉 汉 汉 汉 汉 汉

丶 讠 讠 订 浯 语 语 语 语

yǔ

语 语 语 语 语 语 语 语 语 语 语 语

く 女 女 女 奵 好

hǎo

好 好 好 好 好 好 好 好 好 好 好 好 好

丨 冂 口 叮 叮 吖 呵 呵 喝 喝 喝 喝

hē

喝 喝 喝 喝 喝 喝 喝 喝 喝 喝 喝 喝

丿 二 千 禾 禾 禾 和 和

hé

和 和 和 和 和 和 和 和 和 和 和 和 和

ノ ク 彳 彳 彳 彳 彳 很 很

hěn

很 很 很 很 很 很 很 很 很 很 很 很 很 很

一 厂 厂 斤 后 后

hòu

后 后 后 后 后 后 后 后 后 后 后 后 后 后

一 厂 厂 丙 而 而 而 面 面

miàn

面 面 面 面 面 面 面 面 面 面 面 面 面 面

冂 门 门 冋 回 回

huí

回 回 回 回 回 回 回 回 回 回 回 回 回 回

ノ 人 人 仝 会 会

huì

会 会 会 会 会 会 会 会 会 会 会 会 会 会

丶 丷 少 火

huǒ

火 火 火 火 火 火 火 火 火 火 火 火 火 火

一 七 车 车

车 车 车 车 车 车 车 车 车 车 车 车 车 车

` ` ㇇ ㇗ 立 站 站 站 站 站

zhàn

站 站 站 站 站 站 站 站 站 站 站 站 站 站

丿 几

jǐ

几 几 几 几 几 几 几 几 几 几 几 几 几 几

` 宀 宀 宀 宀 宀 家 家 家 家

jiā

家 家 家 家 家 家 家 家 家 家 家 家 家

丨 冂 口 叫 叫

jiào

叫 叫 叫 叫 叫 叫 叫 叫 叫 叫 叫 叫 叫 叫

丿 人 亼 今

jīn

今 今 今 今 今 今 今 今 今 今 今 今 今 今

一 二 于 天
tiān

天 | 天 | 天 | 天 | 天 | 天 | 天 | 天 | 天 | 天 | 天 | 天 | 天 | 天 | 天

丿 九
jiǔ

九 | 九 | 九 | 九 | 九 | 九 | 九 | 九 | 九 | 九 | 九 | 九 | 九 | 九 | 九

一 二 于 开
kāi

开 | 开 | 开 | 开 | 开 | 开 | 开 | 开 | 开 | 开 | 开 | 开 | 开 | 开 | 开

一 二 三 手 乔 看 看 看 看
kàn

看 | 看 | 看 | 看 | 看 | 看 | 看 | 看 | 看 | 看 | 看 | 看 | 看 | 看 | 看

丨 冂 贝 见
jiàn

见 | 见 | 见 | 见 | 见 | 见 | 见 | 见 | 见 | 见 | 见 | 见 | 见 | 见 | 见

一 十 土 圦 圠 坢 块
kuài

块 | 块 | 块 | 块 | 块 | 块 | 块 | 块 | 块 | 块 | 块 | 块 | 块 | 块 | 块

一 一 ㄧ 立 平 来 来

lái

来 来 来 来 来 来 来 来 来 来 来 来 来 来 来

一 十 土 耂 耂 老

lǎo

老 老 老 老 老 老 老 老 老 老 老 老 老 老 老

丿 丿 丿 丿 丿 师 师

shī

师 师 师 师 师 师 师 师 师 师 师 师 师 师 师

乛 了

le

了 了 了 了 了 了 了 了 了 了 了 了 了 了 了

丶 冫 冫 冫 冷 冷 冷

lěng

冷 冷 冷 冷 冷 冷 冷 冷 冷 冷 冷 冷 冷 冷 冷

丨 口 曰 日 甲 甲 里

lǐ

里 里 里 里 里 里 里 里 里 里 里 里 里 里 里

一 厂 厅 币 而 而 零 零 零 雫 雫 零 零

líng

零 | 零 | 零 | 零 | 零 | 零 | 零 | 零 | 零 | 零 | 零 | 零 | 零 | 零

丶 亠 六 六

liù

六 | 六 | 六 | 六 | 六 | 六 | 六 | 六 | 六 | 六 | 六 | 六 | 六 | 六

乙 女 女 如 妈 妈

mā

妈 | 妈 | 妈 | 妈 | 妈 | 妈 | 妈 | 妈 | 妈 | 妈 | 妈 | 妈 | 妈 | 妈

乙 女 女 如 妈 妈

ma

妈 | 妈 | 妈 | 妈 | 妈 | 妈 | 妈 | 妈 | 妈 | 妈 | 妈 | 妈 | 妈 | 妈

丨 口 口 叮 吗 吗

ma

吗 | 吗 | 吗 | 吗 | 吗 | 吗 | 吗 | 吗 | 吗 | 吗 | 吗 | 吗 | 吗 | 吗

乛 乛 乛 买 买 买

mǎi

买 | 买 | 买 | 买 | 买 | 买 | 买 | 买 | 买 | 买 | 买 | 买 | 买 | 买

ノ 丬 犭 犭 犷 犷 犷 猫 猫 猫 猫

māo

猫 猫 猫 猫 猫 猫 猫 猫 猫 猫 猫 猫 猫 猫

丶 丶 氵 氵 氵 汐 汐 没

méi

没 没 没 没 没 没 没 没 没 没 没 没 没 没

丶 丷 丷 兰 兰 关 关

guān

关 关 关 关 关 关 关 关 关 关 关 关 关 关

一 亠 丢 丢 乒 乒 系 系

xì

系 系 系 系 系 系 系 系 系 系 系 系 系 系

丶 丶 氵 氵 氵 汐 汐 没

méi

没 没 没 没 没 没 没 没 没 没 没 没 没 没

一 ナ 才 冇 有 有

yǒu

有 有 有 有 有 有 有 有 有 有 有 有 有 有

丶 ⺊ ⺊ 半 米 米

mǐ

米 米 米 米 米 米 米 米 米 米 米 米 米 米

丿 ⺈ ⻊ ⻊ 饣 饭 饭

fàn

饭 饭 饭 饭 饭 饭 饭 饭 饭 饭 饭 饭 饭

⺈ 冂 月 日 旫 明 明 明

míng

明 明 明 明 明 明 明 明 明 明 明 明 明

一 二 于 天

tiān

天 天 天 天 天 天 天 天 天 天 天 天 天 天

丿 ⺈ 夕 夕 夕 名 名

míng

名 名 名 名 名 名 名 名 名 名 名 名 名 名

丶 ⼋ 宀 宇 字 字

zì

字 字 字 字 字 字 字 字 字 字 字 字 字 字

丶 丨 口 口 叮 叮 叮 叽 哪 哪

nǎ

哪 哪 哪 哪 哪 哪 哪 哪 哪 哪 哪 哪 哪 哪 哪

丶 丨 口 口 叮 叮 叮 叽 哪 哪

nǎ

哪 哪 哪 哪 哪 哪 哪 哪 哪 哪 哪 哪 哪 哪 哪

丿 儿

er

儿 儿 儿 儿 儿 儿 儿 儿 儿 儿 儿 儿 儿 儿 儿

乛 彐 彐 月 那 那

nà

那 那 那 那 那 那 那 那 那 那 那 那 那 那

丨 口 口 口 叮 叮 吧 呢

ne

呢 呢 呢 呢 呢 呢 呢 呢 呢 呢 呢 呢 呢 呢

厶 厶 厶 台 台 自 自 能 能 能

néng

能 能 能 能 能 能 能 能 能 能 能 能 能 能

丿 亻 亻 你 你 你 你

nǐ

你 你 你 你 你 你 你 你 你 你 你 你 你 你 你

丿 ㇒ ㇒ 左 年

nián

年 年 年 年 年 年 年 年 年 年 年 年 年 年

ㄑ 女 女

nǚ

女 女 女 女 女 女 女 女 女 女 女 女 女 女

丿 儿

er

儿 儿 儿 儿 儿 儿 儿 儿 儿 儿 儿 儿 儿 儿

丿 刀 月 月 肖 朋 朋 朋

péng

朋 朋 朋 朋 朋 朋 朋 朋 朋 朋 朋 朋 朋 朋

一 ナ 方 友

you

友 友 友 友 友 友 友 友 友 友 友 友 友 友

丶 氵 氵 沪 沪 沪 沪 沪 沪 漂 漂 漂 漂

piào

漂 漂 漂 漂 漂 漂 漂 漂 漂 漂 漂 漂 漂

丶 亠 广 亡 古 亡 声 亭 亮

liang

亮 亮 亮 亮 亮 亮 亮 亮 亮 亮 亮 亮 亮

一 艹 艹 艹 芒 芏 苸 苹

píng

苹 苹 苹 苹 苹 苹 苹 苹 苹 苹 苹 苹 苹

丶 口 口 日 旦 甲 果 果

guǒ

果 果 果 果 果 果 果 果 果 果 果 果 果

一 七

qī

七 七 七 七 七 七 七 七 七 七 七 七 七

丿 𠂆 𠂇 钅 钅 钅 钅 钱 钱 钱

qián

钱 钱 钱 钱 钱 钱 钱 钱 钱 钱 钱 钱 钱

丶 丷 䒑 广 芦 肖 肖 前 前

qián

前 前 前 前 前 前 前 前 前 前 前 前 前 前

一 ア 广 丙 而 而 面 面

miàn

面 面 面 面 面 面 面 面 面 面 面 面 面

丶 讠 讠 讠 讠 请 请 请 请

qǐng

请 请 请 请 请 请 请 请 请 请 请 请 请

一 十 土 去 去

qù

去 去 去 去 去 去 去 去 去 去 去 去 去 去

一 十 才 扌 执 执 热 热 热

rè

热 热 热 热 热 热 热 热 热 热 热 热 热

丿 人

rén

人 人 人 人 人 人 人 人 人 人 人 人 人 人

丶 讠 认 认

rèn

认 认 认 认 认 认 认 认 认 认 认 认 认 认 认

丶 讠 讠 识 识 识 识

shi

识 识 识 识 识 识 识 识 识 识 识 识 识 识 识

丨 冂 冂 日

rì

日 日 日 日 日 日 日 日 日 日 日 日 日 日

一 二 三

sān

三 三 三 三 三 三 三 三 三 三 三 三 三

丶 亠 产 产 产 产 产 商 商 商

shāng

商 商 商 商 商 商 商 商 商 商 商 商 商 商

丶 亠 广 广 广 庐 庐 店 店

diàn

店 店 店 店 店 店 店 店 店 店 店 店 店 店 店

丨卜上

shàng

上 上 上 上 上 上 上 上 上 上 上 上 上 上

丨卜上

shàng

上 上 上 上 上 上 上 上 上 上 上 上 上 上

丿 ⺊ ⺊ 午

wǔ

午 午 午 午 午 午 午 午 午 午 午 午 午 午

丨 ⺌ 小 少

shǎo

少 少 少 少 少 少 少 少 少 少 少 少 少 少

丶 讠 讠 讱 讱 诈 诈 谁 谁 谁

shuí

谁 谁 谁 谁 谁 谁 谁 谁 谁 谁 谁 谁 谁 谁

丿 亻 仁 什

shén

什 什 什 什 什 什 什 什 什 什 什 什 什 什

ノ 厶 么

么

me

么	么	么	么	么	么	么	么	么	么	么	么	么	么

一 十

shí

十	十	十	十	十	十	十	十	十	十	十	十	十	十

丨 丨 冂 日 日 旷 时 时

shí

时	时	时	时	时	时	时	时	时	时	时	时	时	时

ノ 亻 亻 伫 伫 伫 伫 侯 候 候

hou

候	候	候	候	候	候	候	候	候	候	候	候	候	候

丶 冂 曰 日 旦 早 昦 昰 是

shì

是	是	是	是	是	是	是	是	是	是	是	是	是	是

乛 彐 书 书

shū

书	书	书	书	书	书	书	书	书	书	书	书	书	书

亅 刁 水 水

shuǐ

水 水 水 水 水 水 水 水 水 水 水 水 水 水 水

丨 冂 冂 日 旦 早 果 果

guǒ

果 果 果 果 果 果 果 果 果 果 果 果 果 果 果

亅 刁 水 水

shuǐ

水 水 水 水 水 水 水 水 水 水 水 水 水 水 水

丨 冂 门 月 目 目゛ 盱 盰 眍 睐 睡 睡 睡

shuì

睡 睡 睡 睡 睡 睡 睡 睡 睡 睡 睡 睡 睡 睡 睡

丶 ゛ ゛ ゛ 兴 兴 常 觉 觉

jiào

觉 觉 觉 觉 觉 觉 觉 觉 觉 觉 觉 觉 觉 觉 觉

丶 讠 讠 讠 讠 说 说 说 说

shuō

说 说 说 说 说 说 说 说 说 说 说 说 说 说 说

丶 讠 讠 讠 讠 话 话

huà

话 话 话 话 话 话 话 话 话 话 话 话 话 话

丨 冂 冂 四 四

sì

四 四 四 四 四 四 四 四 四 四 四 四 四 四

丨 屮 屮 屮 岁 岁

suì

岁 岁 岁 岁 岁 岁 岁 岁 岁 岁 岁 岁 岁 岁

丿 亻 亻 仲 他

tā

他 他 他 他 他 他 他 他 他 他 他 他 他 他

乚 乄 女 如 如 她

tā

她 她 她 她 她 她 她 她 她 她 她 她 她 她

一 ナ 大 太

tài

太 太 太 太 太 太 太 太 太 太 太 太 太 太

一 二 于 天

tiān

天 | 天 | 天 | 天 | 天 | 天 | 天 | 天 | 天 | 天 | 天 | 天 | 天天 | 天 | 天

丿 ㇏ 气 气

qì

气 | 气 | 气 | 气 | 气 | 气 | 气 | 气 | 气 | 气 | 气 | 气 | 气 | 气 | 气

丿 口 口 叮 听 听 听

tīng

听 | 听 | 听 | 听 | 听 | 听 | 听 | 听 | 听 | 听 | 听 | 听 | 听 | 听

冂 冂 月 闩 同 同

tóng

同 | 同 | 同 | 同 | 同 | 同 | 同 | 同 | 同 | 同 | 同 | 同 | 同 | 同

丶 丷 丷 兴 学 学 学

xué

学 | 学 | 学 | 学 | 学 | 学 | 学 | 学 | 学 | 学 | 学 | 学 | 学 | 学

丨 口 口 叮 叩 呷 呷 呷 唱 喂 喂 喂

wèi

喂 | 喂 | 喂 | 喂 | 喂 | 喂 | 喂 | 喂 | 喂 | 喂 | 喂 | 喂 | 喂 | 喂

ノ 二 于 手 我 我 我

wǒ

我 我 我 我 我 我 我 我 我 我 我 我 我 我

ノ 二 于 手 我 我 我

wǒ

我 我 我 我 我 我 我 我 我 我 我 我 我 我

ノ イ 仁 们 们

men

们 们 们 们 们 们 们 们 们 们 们 们 们 们

一 丁 五 五

wǔ

五 五 五 五 五 五 五 五 五 五 五 五 五 五

一 十 吉 吉 吉 吉 吉 喜 喜 喜 喜

xǐ

喜 喜 喜 喜 喜 喜 喜 喜 喜 喜 喜 喜 喜 喜

フ ヌ 对 对 欢 欢

huan

欢 欢 欢 欢 欢 欢 欢 欢 欢 欢 欢 欢 欢 欢

一丁下

xià

下 下 下 下 下 下 下 下 下 下 下 下 下 下

丿 ㇇ 仁 午

wǔ

午 午 午 午 午 午 午 午 午 午 午 午 午 午

一丁下

xià

下 下 下 下 下 下 下 下 下 下 下 下 下 下

一 厂 厅 币 雨 雨 雨

yǔ

雨 雨 雨 雨 雨 雨 雨 雨 雨 雨 雨 雨 雨 雨

丿 ㇇ 牛 生 牛 先

xiān

先 先 先 先 先 先 先 先 先 先 先 先 先 先

丿 ㇇ 仁 生 生

sheng

生 生 生 生 生 生 生 生 生 生 生 生 生 生

一 二 干 王 珇 玑 现 现 现

现 现 现 现 现 现 现 现 现 现 现 现 现

一 ナ オ 右 在 在

zài

在 在 在 在 在 在 在 在 在 在 在 在 在

一 十 オ 木 村 机 相 相 相 相 想 想 想

xiǎng

想 想 想 想 想 想 想 想 想 想 想 想 想

亅 小 小

xiǎo

小 小 小 小 小 小 小 小 小 小 小 小 小

亅 小 小

xiǎo

小 小 小 小 小 小 小 小 小 小 小 小 小

く 女 女 如 如 如 姐 姐

jiě

姐 姐 姐 姐 姐 姐 姐 姐 姐 姐 姐 姐 姐

丨 上 止 止 止 此 此 些 些

xiē

些 些 些 些 些 些 些 些 些 些 些 些 些 些

丶 宀 宀 写 写

xiě

写 写 写 写 写 写 写 写 写 写 写 写 写 写

丶 讠 讠 讠 讠 诮 诮 诮 诮 谢 谢

xiè

谢 谢 谢 谢 谢 谢 谢 谢 谢 谢 谢 谢 谢 谢

丶 讠 讠 讠 讠 诮 诮 诮 诮 谢 谢

xie

谢 谢 谢 谢 谢 谢 谢 谢 谢 谢 谢 谢 谢 谢

丨 冂 冂 日 旦 旦 星 星 星

xīng

星 星 星 星 星 星 星 星 星 星 星 星 星

一 十 卄 卄 甘 其 其 其 期 期 期 期

qī

期 期 期 期 期 期 期 期 期 期 期 期 期 期

丶 丷 丷 ㅛ 兴 学 学 学

xué

学 学 学 学 学 学 学 学 学 学 学 学 学 学 学

丿 ㇀ 牛 生 生

sheng

生 生 生 生 生 生 生 生 生 生 生 生 生 生 生

丶 丷 丷 ㅛ 兴 学 学 学

xué

学 学 学 学 学 学 学 学 学 学 学 学 学 学 学

乛 习 习

xí

习 习 习 习 习 习 习 习 习 习 习 习 习 习 习

丶 丷 丷 ㅛ 兴 学 学 学

xué

学 学 学 学 学 学 学 学 学 学 学 学 学 学 学

一 十 才 木 术 杧 杧 栌 栌 校

xiào

校 校 校 校 校 校 校 校 校 校 校 校 校 校 校

一

yī

一 一 一 一 一 一 一 一 一 一 一 一 一 一 一

丶 亠 𠆢 亣 衣 衣

yī

衣 衣 衣 衣 衣 衣 衣 衣 衣 衣 衣 衣 衣 衣 衣

丿 冂 月 月 肞 肞 服 服

fu

服 服 服 服 服 服 服 服 服 服 服 服 服 服 服

一 丆 𠃊 三 乒 矢 医

yī

医 医 医 医 医 医 医 医 医 医 医 医 医 医 医

丿 𠂉 𠂉 牛 生

shēng

生 生 生 生 生 生 生 生 生 生 生 生 生 生 生

一 丆 𠃊 三 乒 矢 医

yī

医 医 医 医 医 医 医 医 医 医 医 医 医 医 医

了 阝 阝 阝 阝 阼 阼 陀 险 院

yuàn

院 院 院 院 院 院 院 院 院 院 院 院 院 院 院

一 十 才 木 木 杧 杧 柿 柿 椅 椅 椅

yǐ

椅 椅 椅 椅 椅 椅 椅 椅 椅 椅 椅 椅 椅

乛 了 子

zi

子 子 子 子 子 子 子 子 子 子 子 子 子

一 ナ 才 有 有 有

yǒu

有 有 有 有 有 有 有 有 有 有 有 有 有

丿 刀 月 月

yuè

月 月 月 月 月 月 月 月 月 月 月 月 月

一 ナ 才 存 在 在

zài

在 在 在 在 在 在 在 在 在 在 在 在 在

一 厂 厂 丙 丙 再

zài

再 再 再 再 再 再 再 再 再 再 再 再 再 再

丨 冂 见 见

jiàn

见 见 见 见 见 见 见 见 见 见 见 见 见 见 见

丿 亻 仁 仁 仁 乍 怎 怎 怎

zěn

怎 怎 怎 怎 怎 怎 怎 怎 怎 怎 怎 怎 怎 怎

丿 幺 么

me

么 么 么 么 么 么 么 么 么 么 么 么 么 么 么

丿 亻 仁 仁 仁 乍 怎 怎 怎

zěn

怎 怎 怎 怎 怎 怎 怎 怎 怎 怎 怎 怎 怎 怎

丿 幺 么

me

么 么 么 么 么 么 么 么 么 么 么 么 么 么 么

一 十 才 木 术 杉 栏 栏 栏 样

yàng

样 样 样 样 样 样 样 样 样 样 样 样 样 样

丶 亠 宁 文 这 这 这

zhè

这 这 这 这 这 这 这 这 这 这 这 这 这 这

丶 冂 口 中

zhōng

中 中 中 中 中 中 中 中 中 中 中 中 中 中

丨 冂 冂 月 用 国 国 国

guó

国 国 国 国 国 国 国 国 国 国 国 国 国 国

丶 冂 口 中

zhōng

中 中 中 中 中 中 中 中 中 中 中 中 中 中

丿 ノ 仁 午

wǔ

午 午 午 午 午 午 午 午 午 午 午 午 午 午

丿 亻 亻 仁 住 住 住

zhù

住 住 住 住 住 住 住 住 住 住 住 住 住 住

丶 上 卢 卢 卢 卓 卓 桌

zhuō

桌 桌 桌 桌 桌 桌 桌 桌 桌 桌 桌 桌 桌 桌

了 了 子

zi

子 子 子 子 子 子 子 子 子 子 子 子 子 子

丶 宀 宀 字 字 字

zi

字 字 字 字 字 字 字 字 字 字 字 字 字 字

冂 冂 日 日 旷 昨 昨 昨

zuó

昨 昨 昨 昨 昨 昨 昨 昨 昨 昨 昨 昨 昨 昨

一 二 干 天

tiān

天 天 天 天 天 天 天 天 天 天 天 天 天 天

丿 人 从 从 丛 坐 坐

zuò

坐	坐	坐	坐	坐	坐	坐	坐	坐	坐	坐	坐	坐	坐

丿 亻 仁 仕 什 估 估 做 做 做 做

zuò

做	做	做	做	做	做	做	做	做	做	做	做	做	做

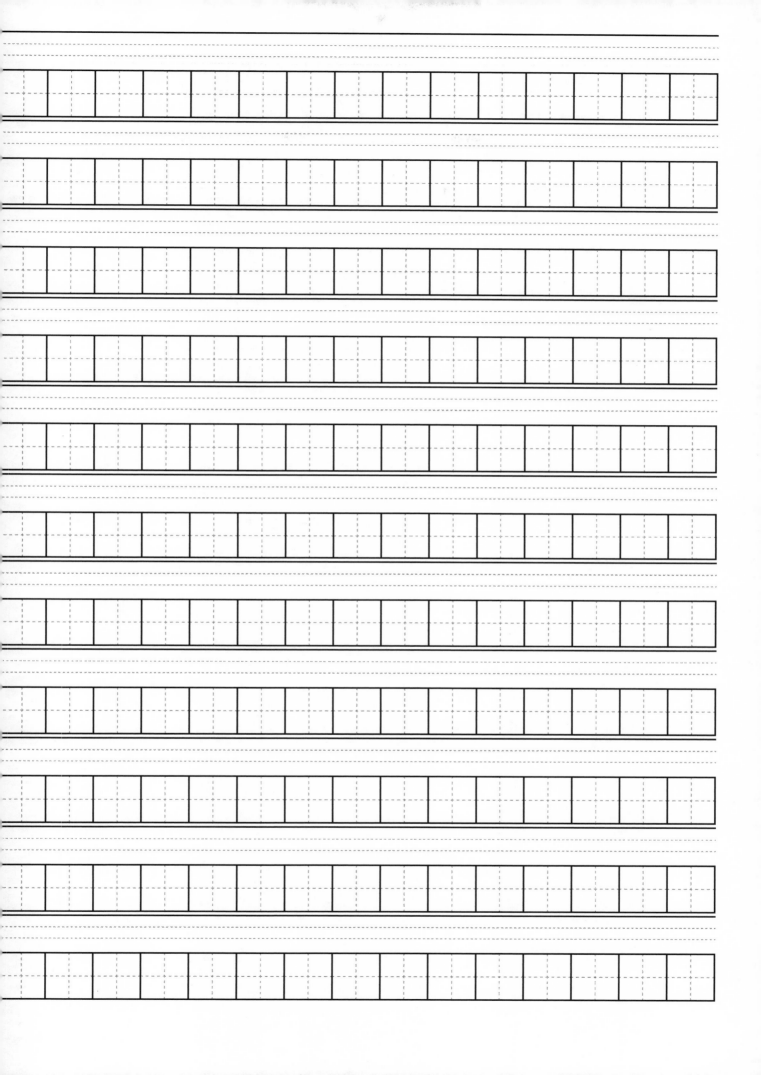

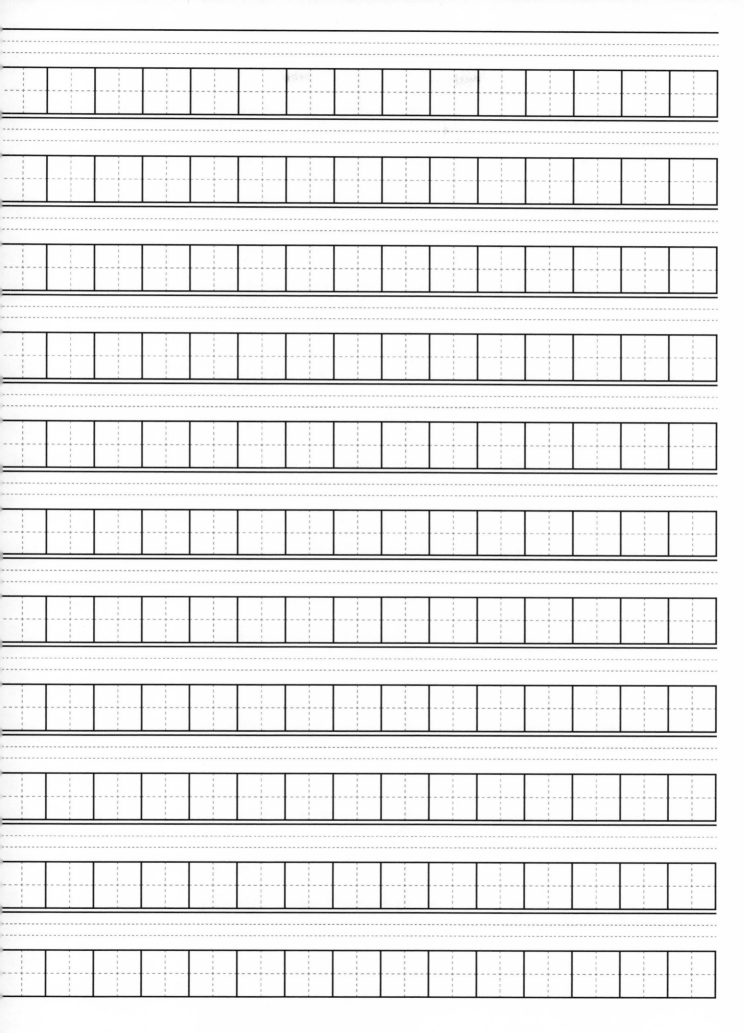

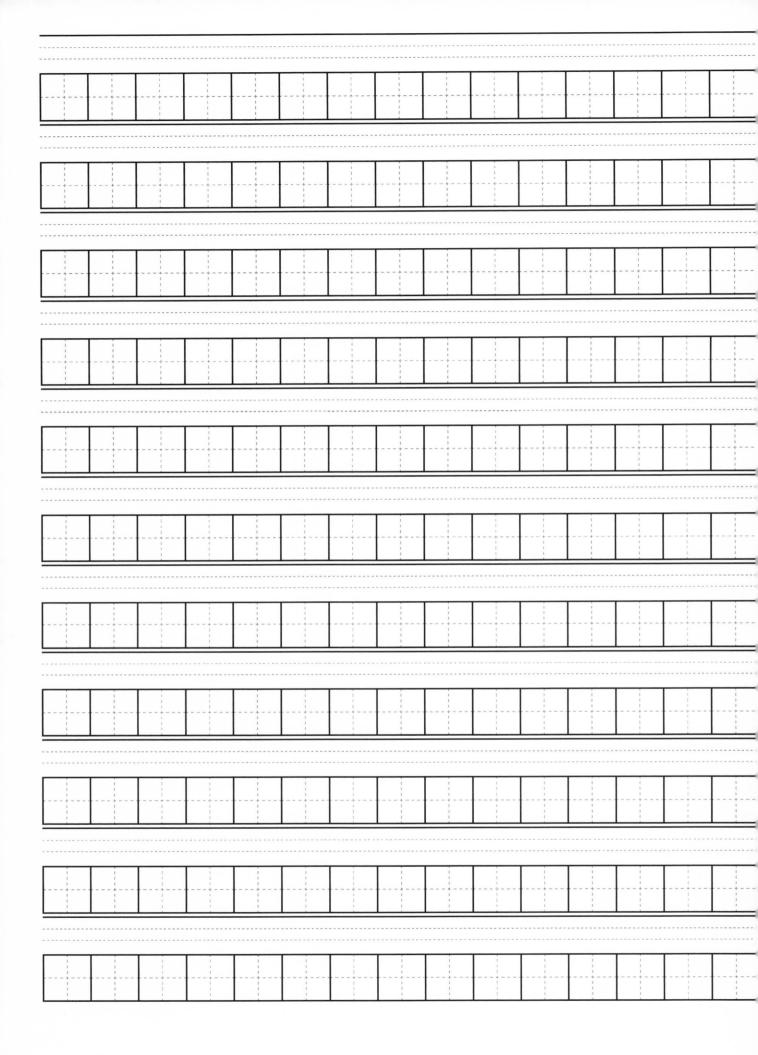

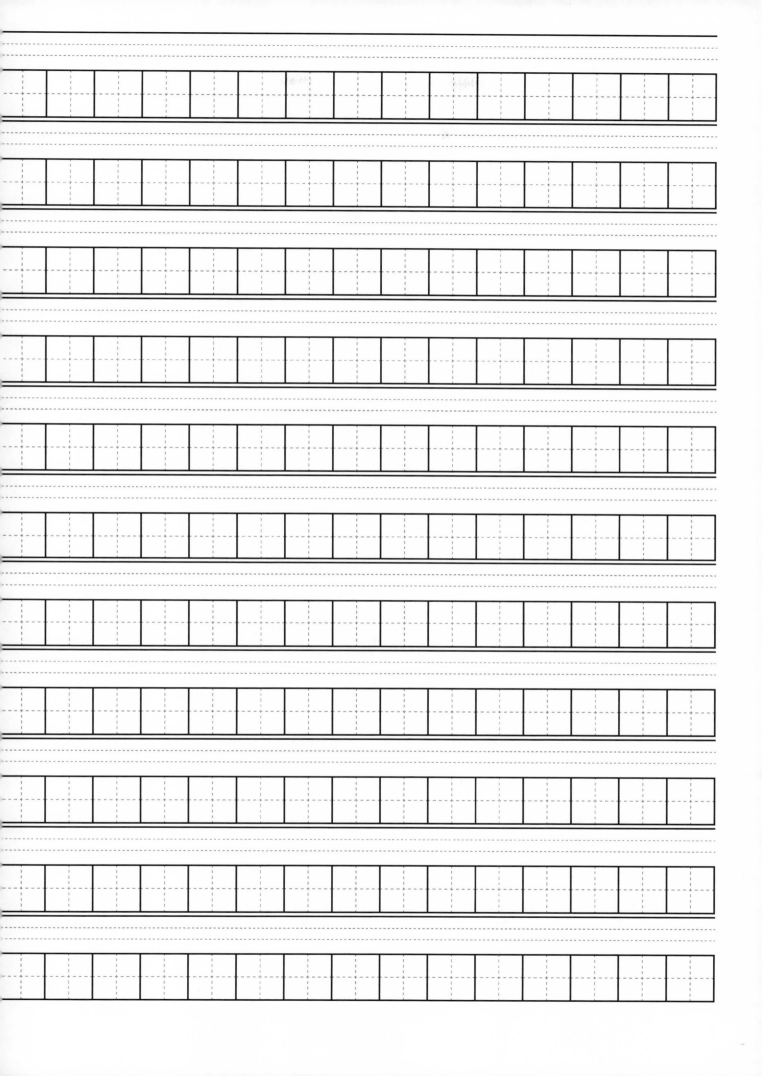

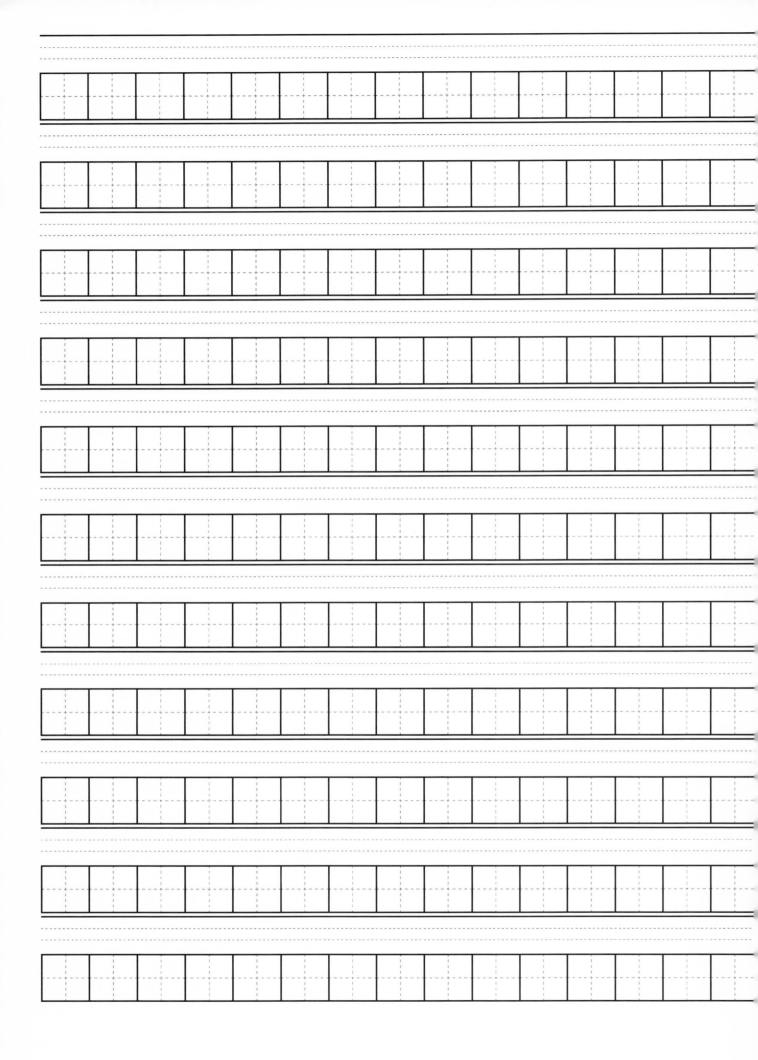

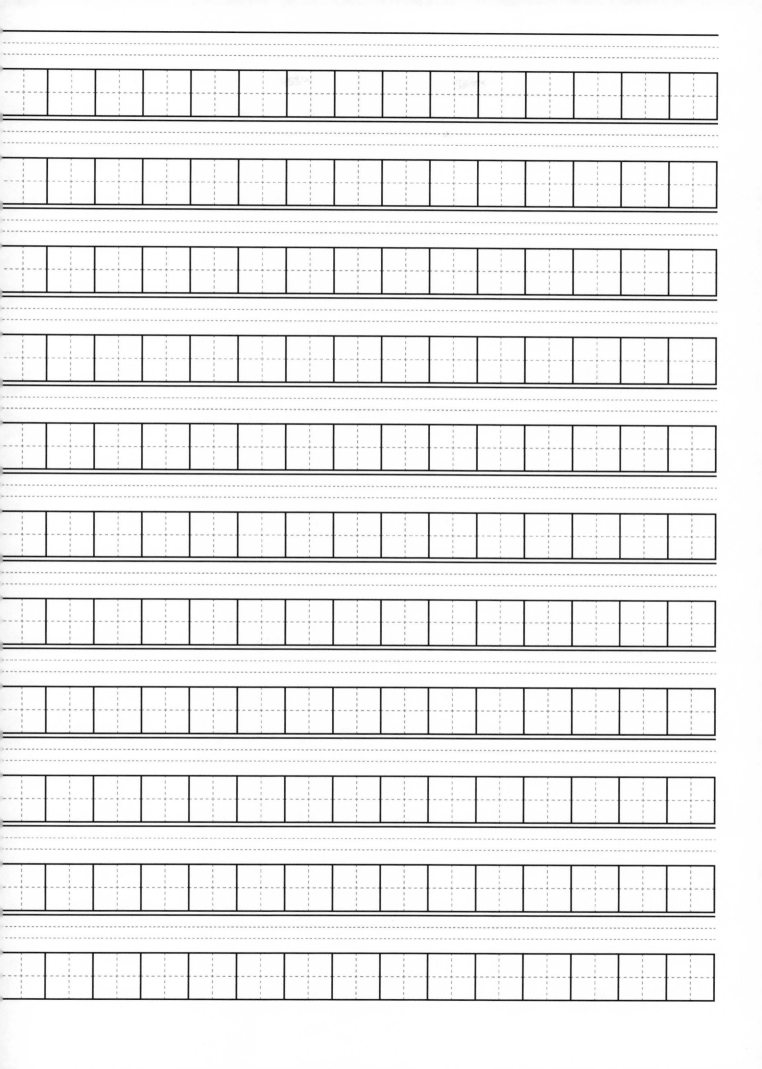

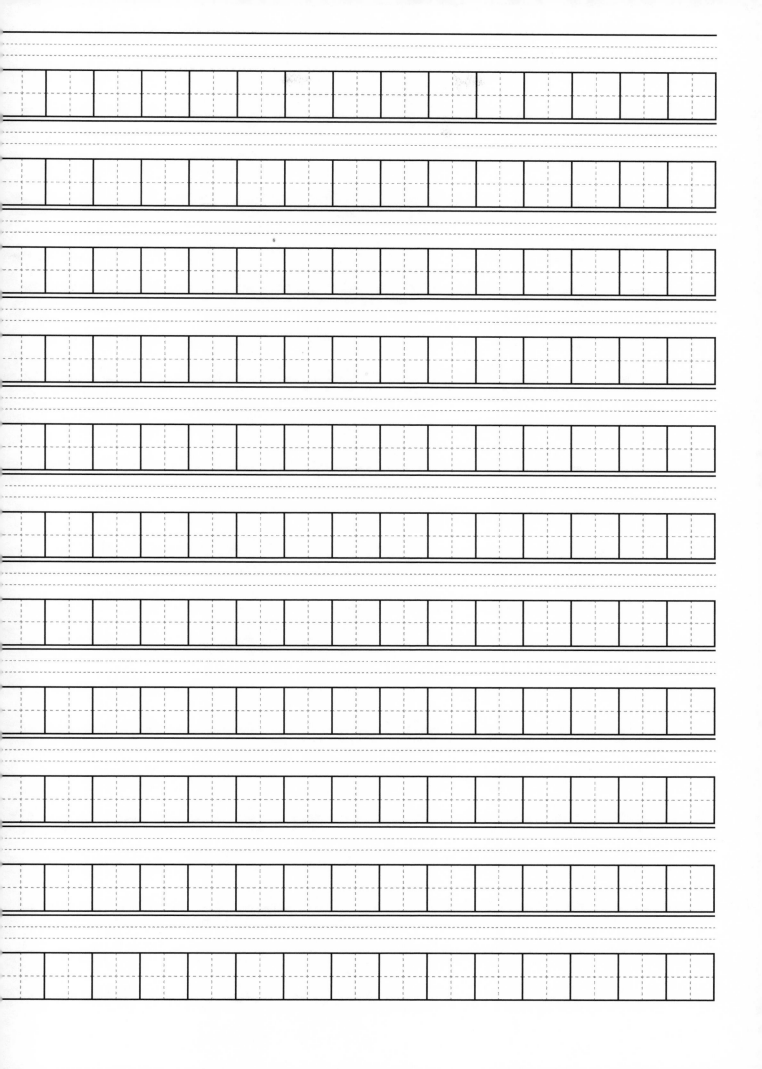

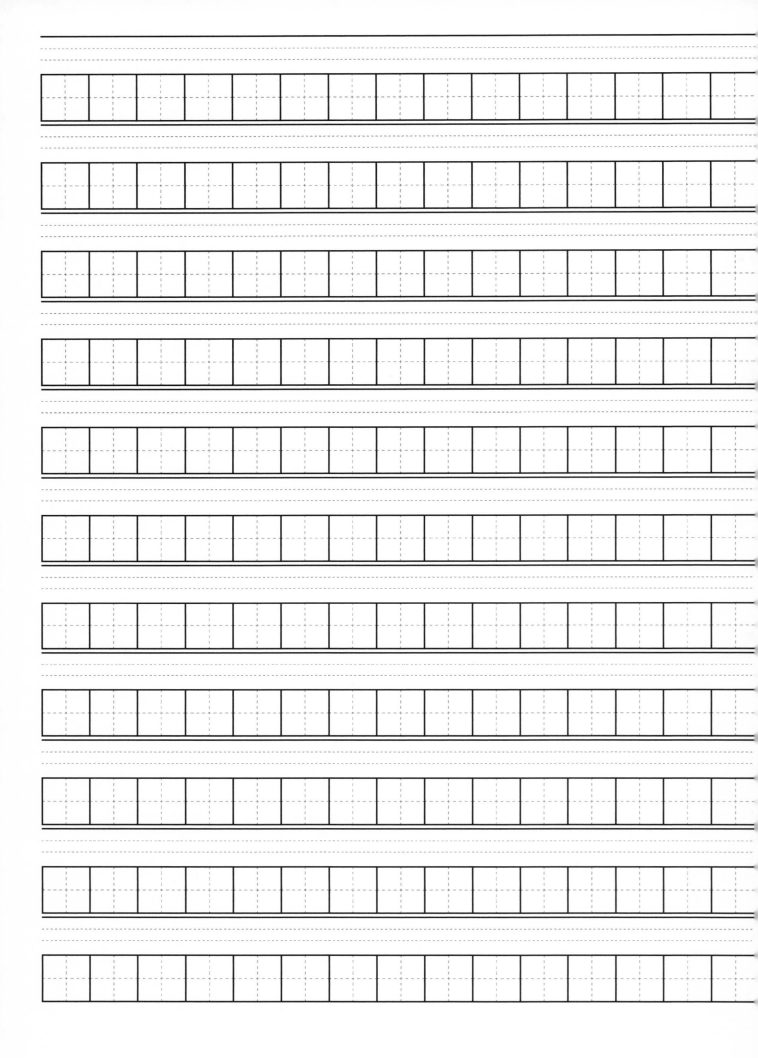

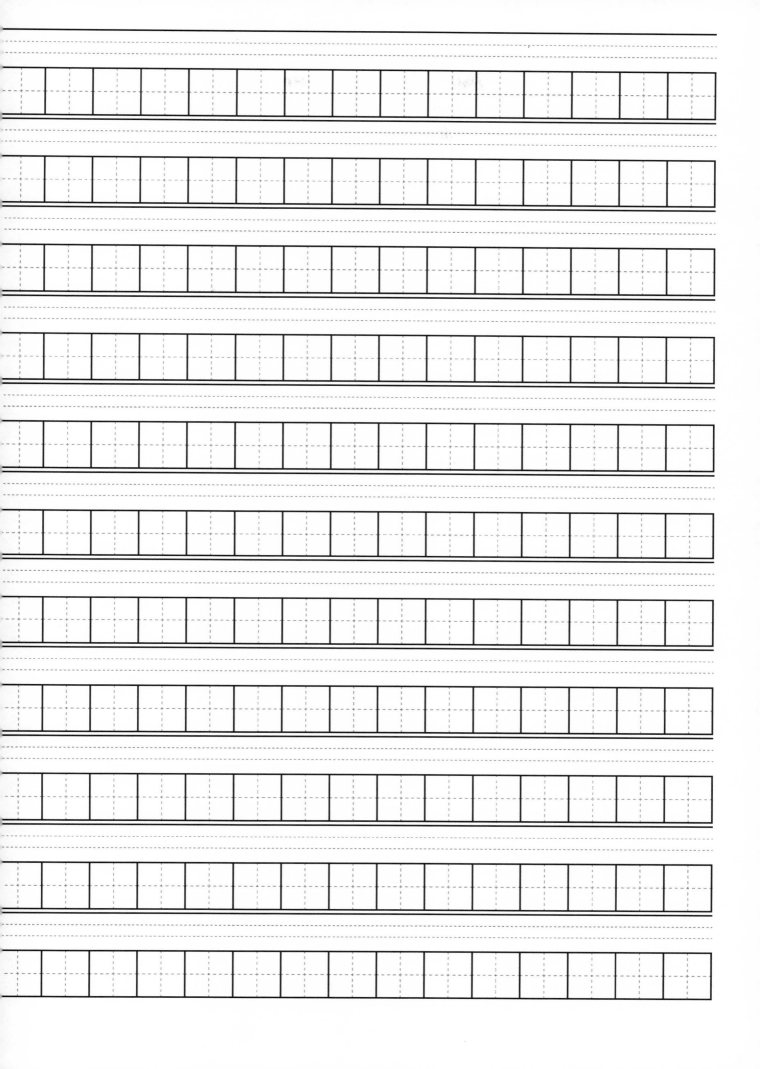

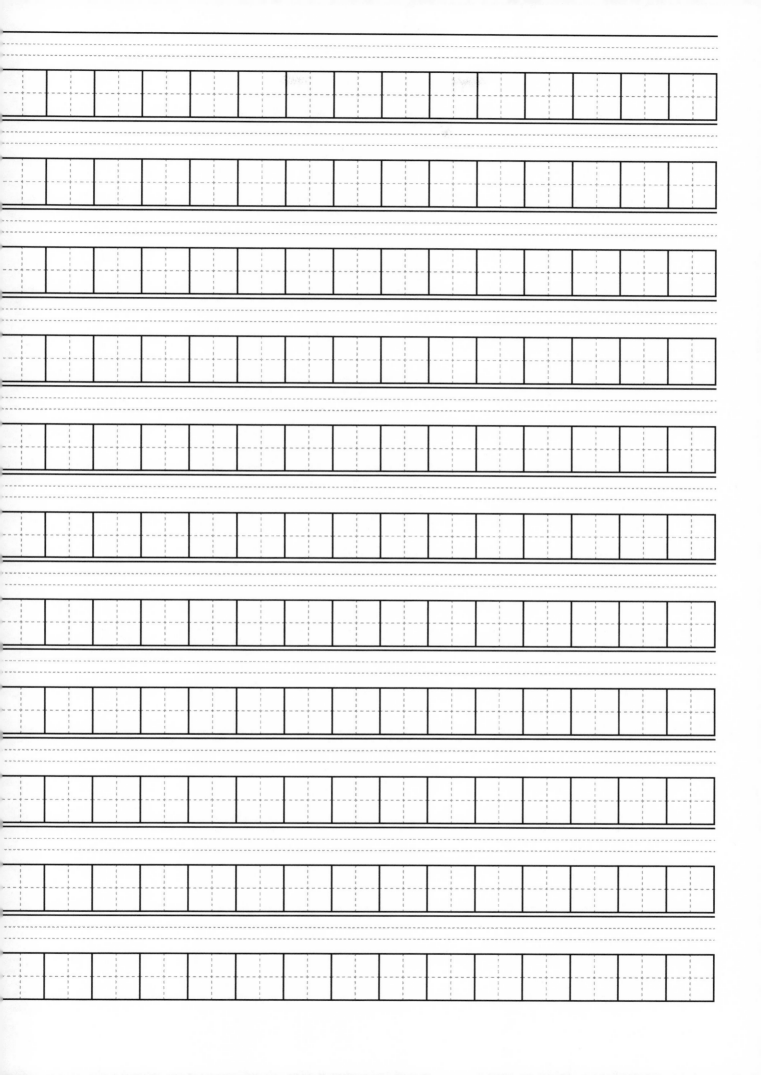

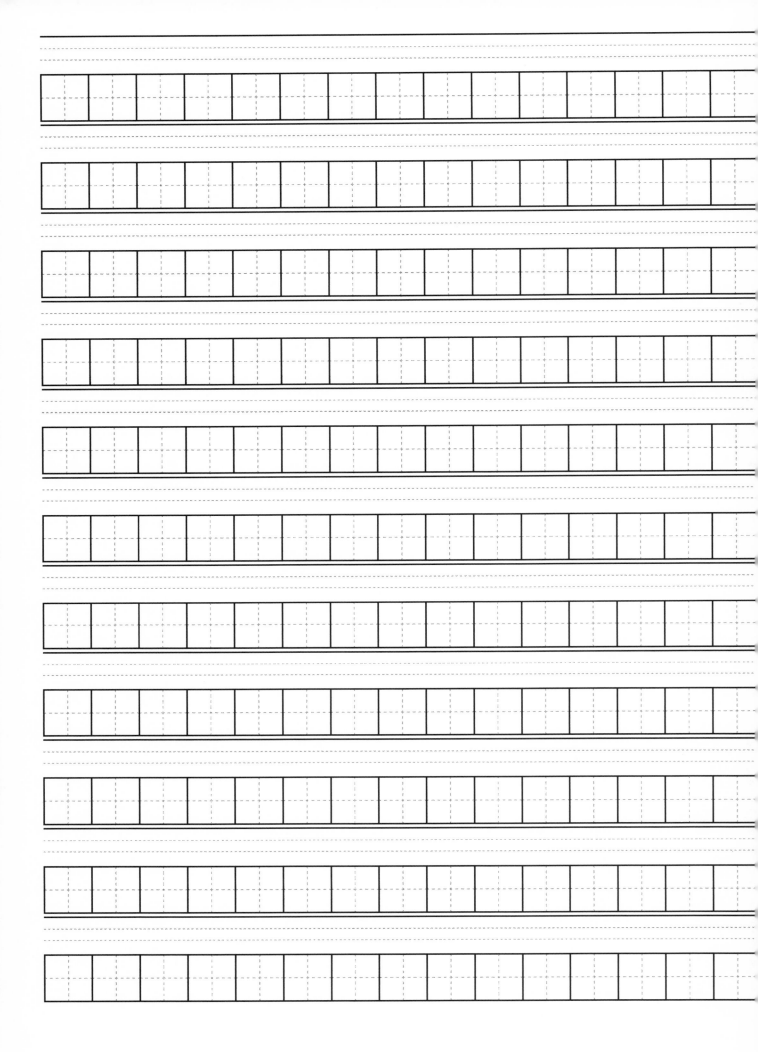

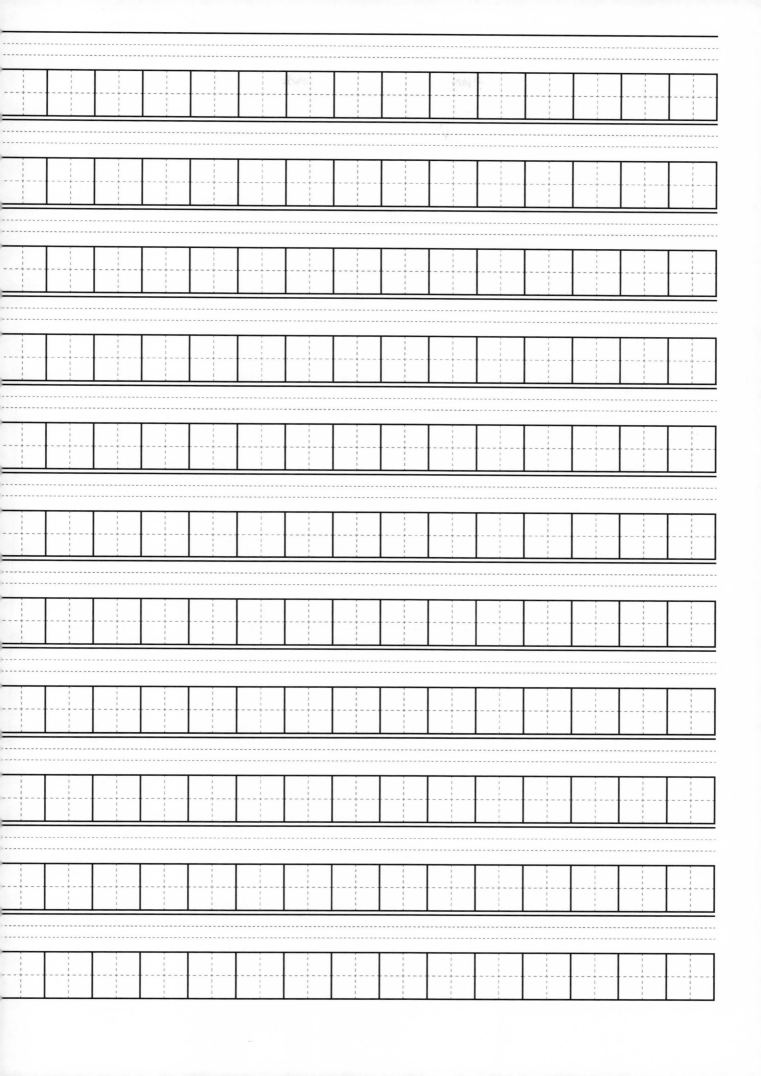

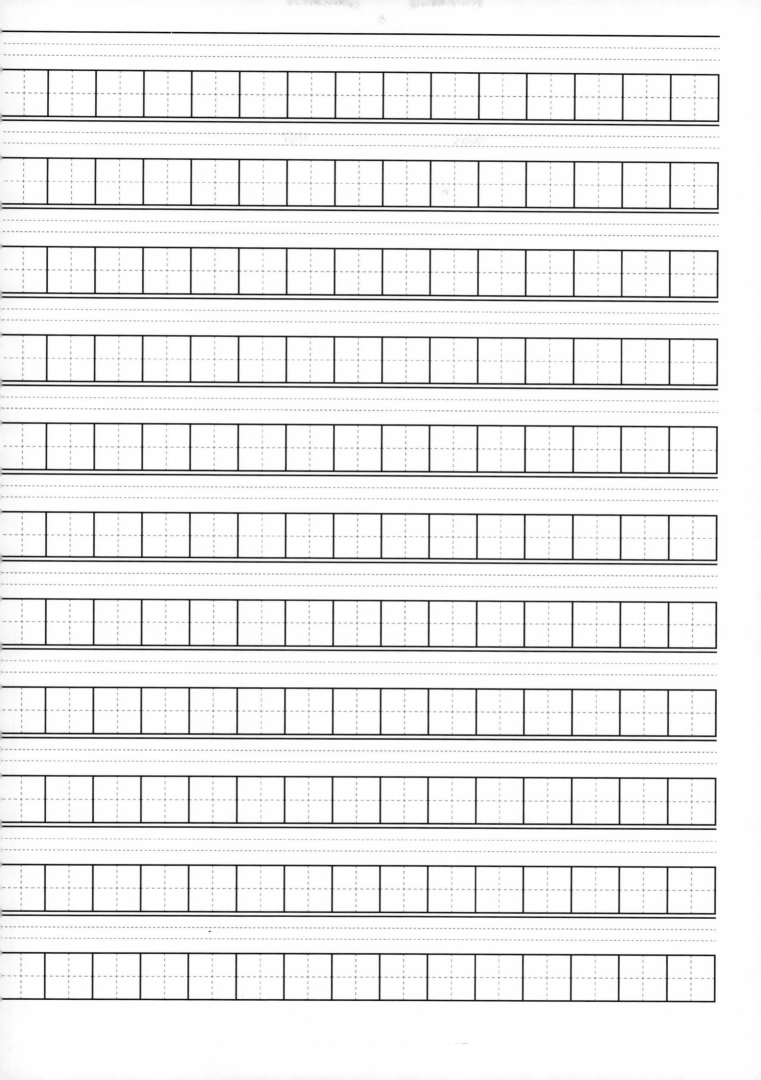

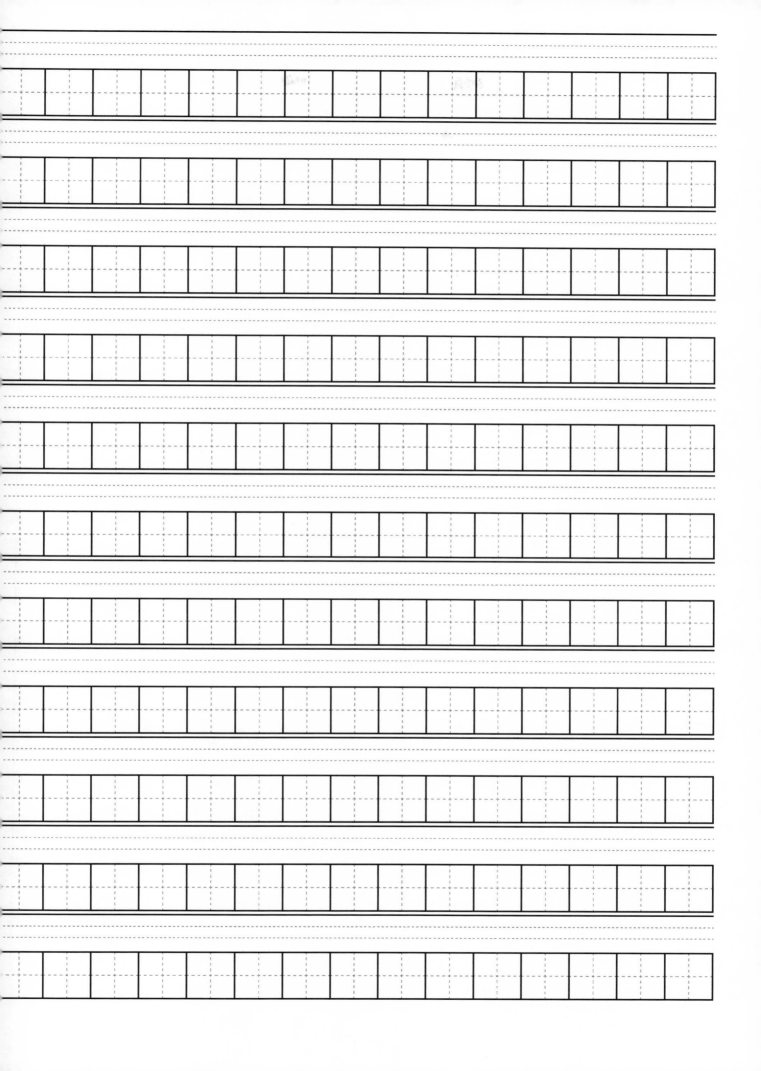

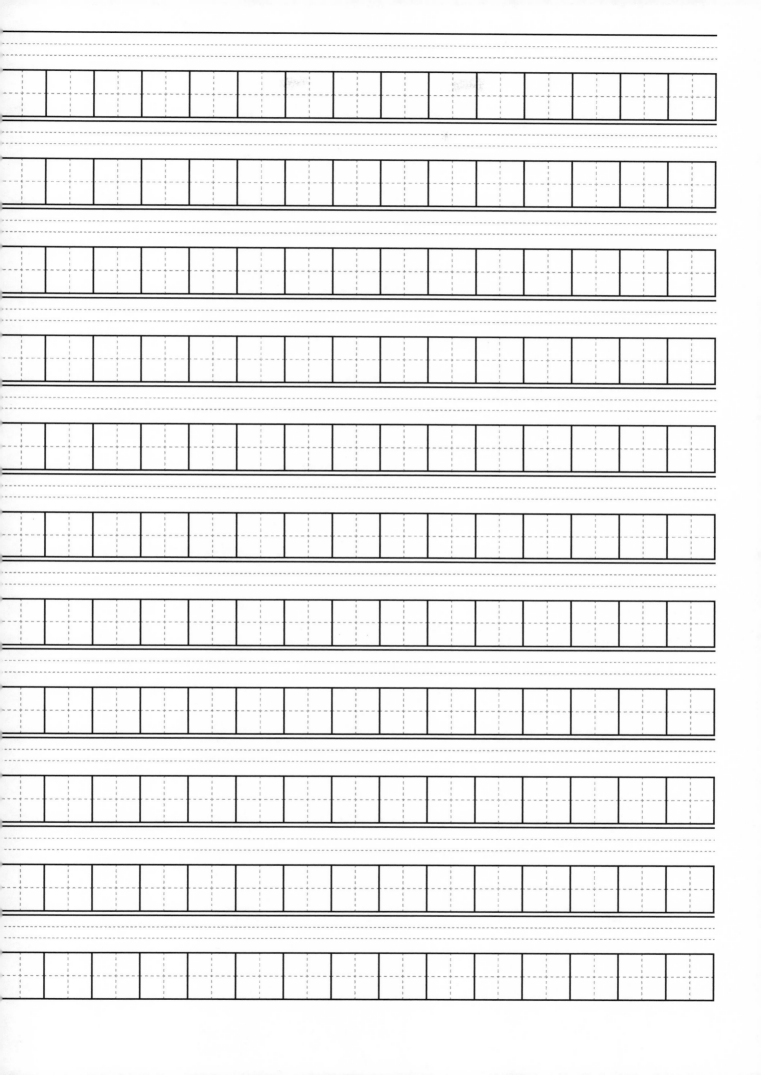

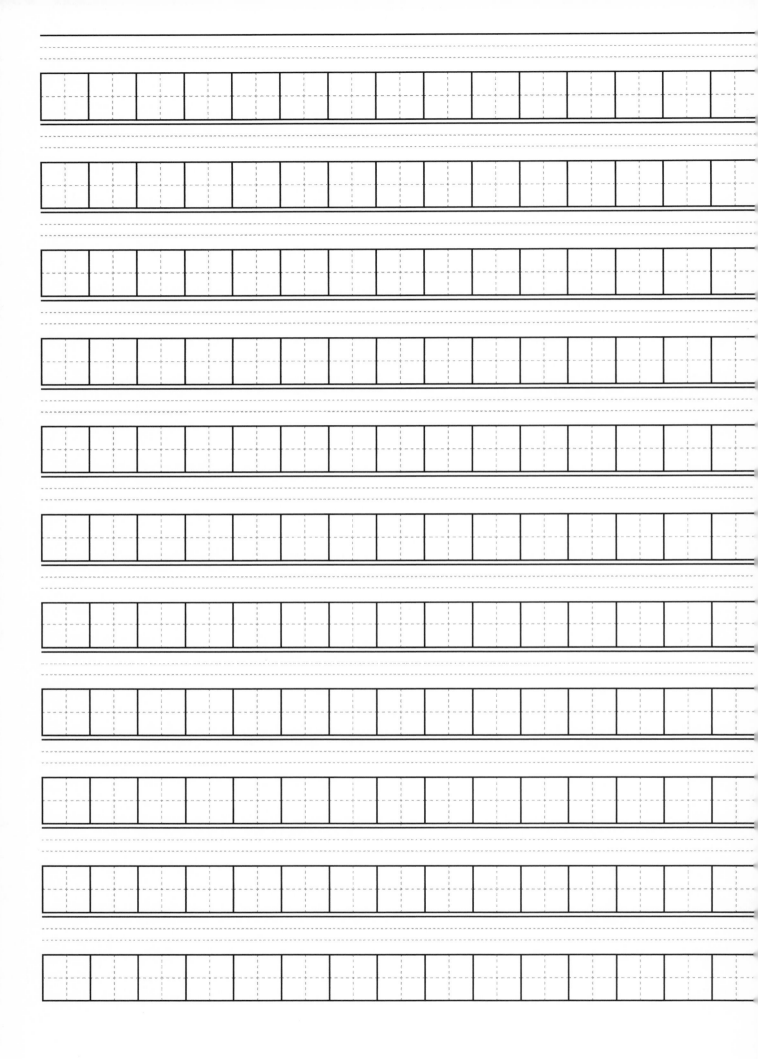

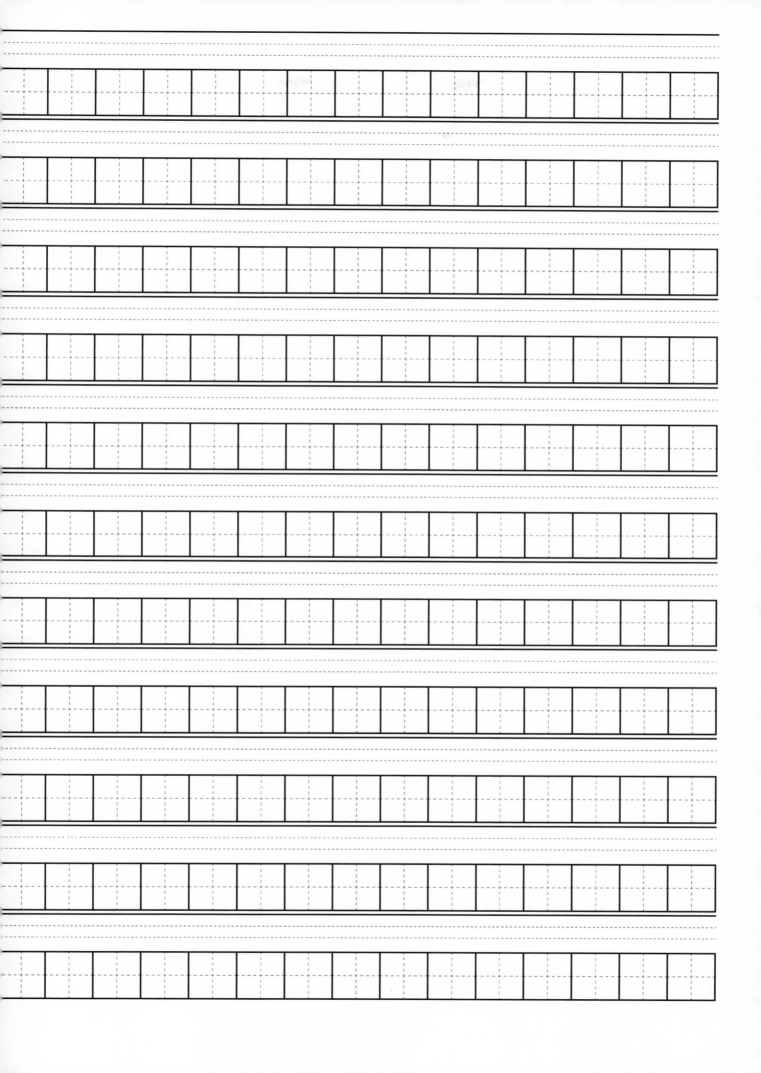

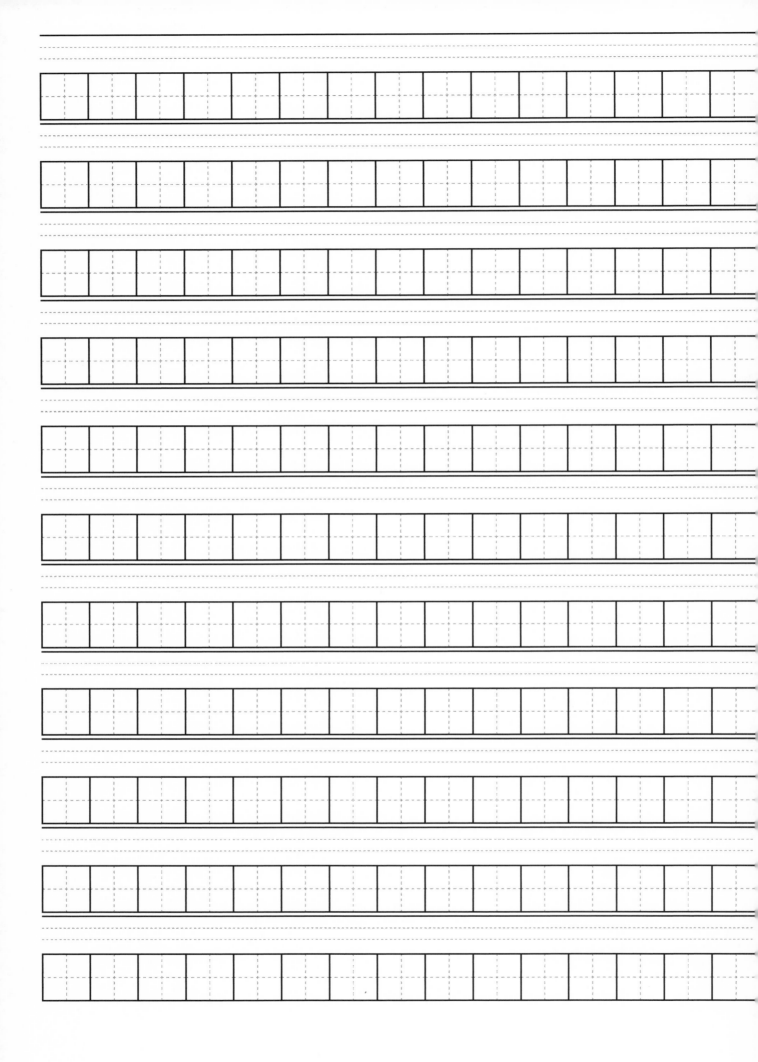

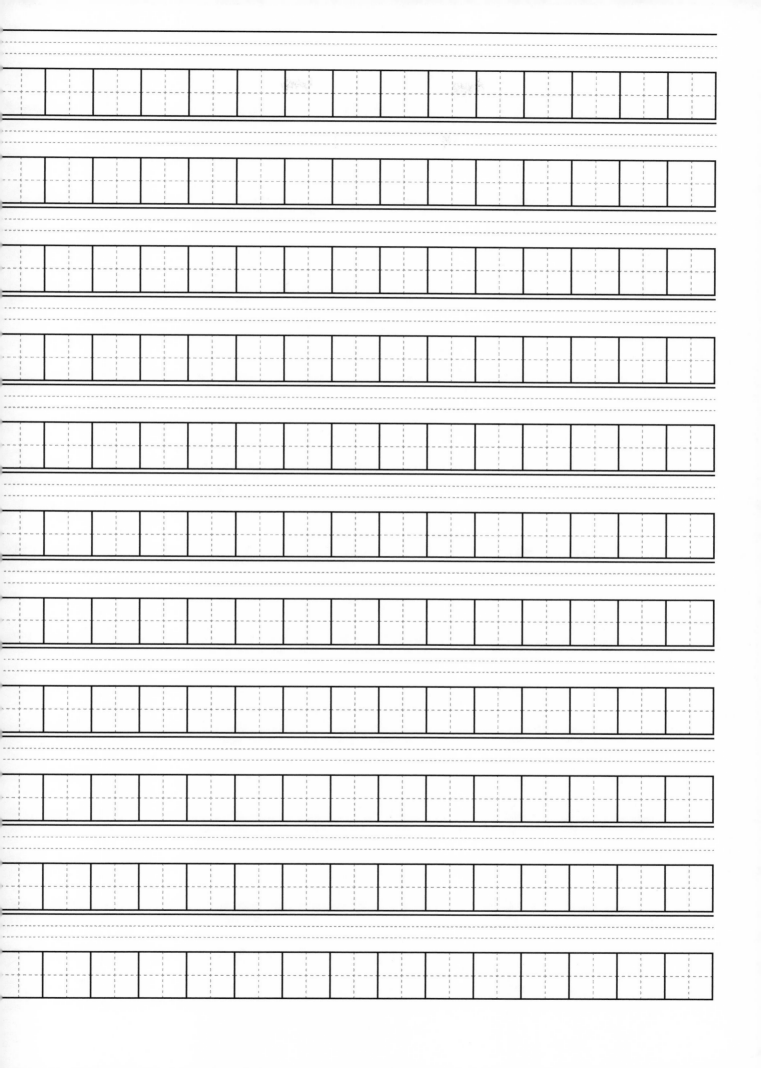

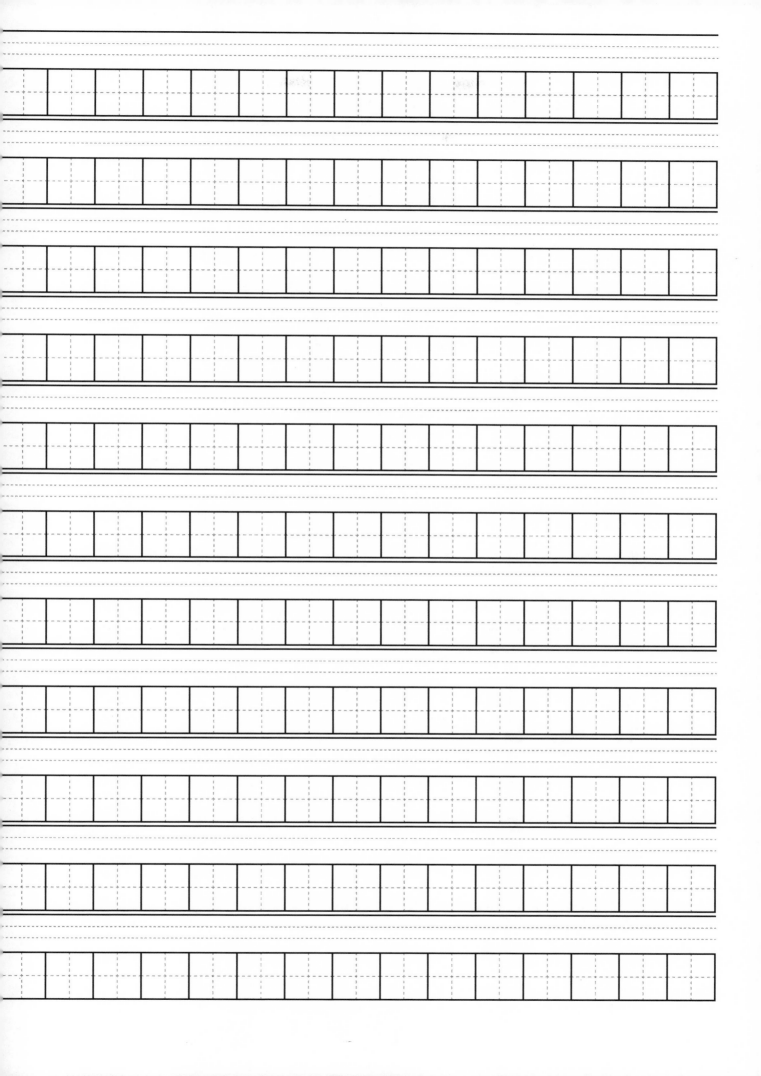

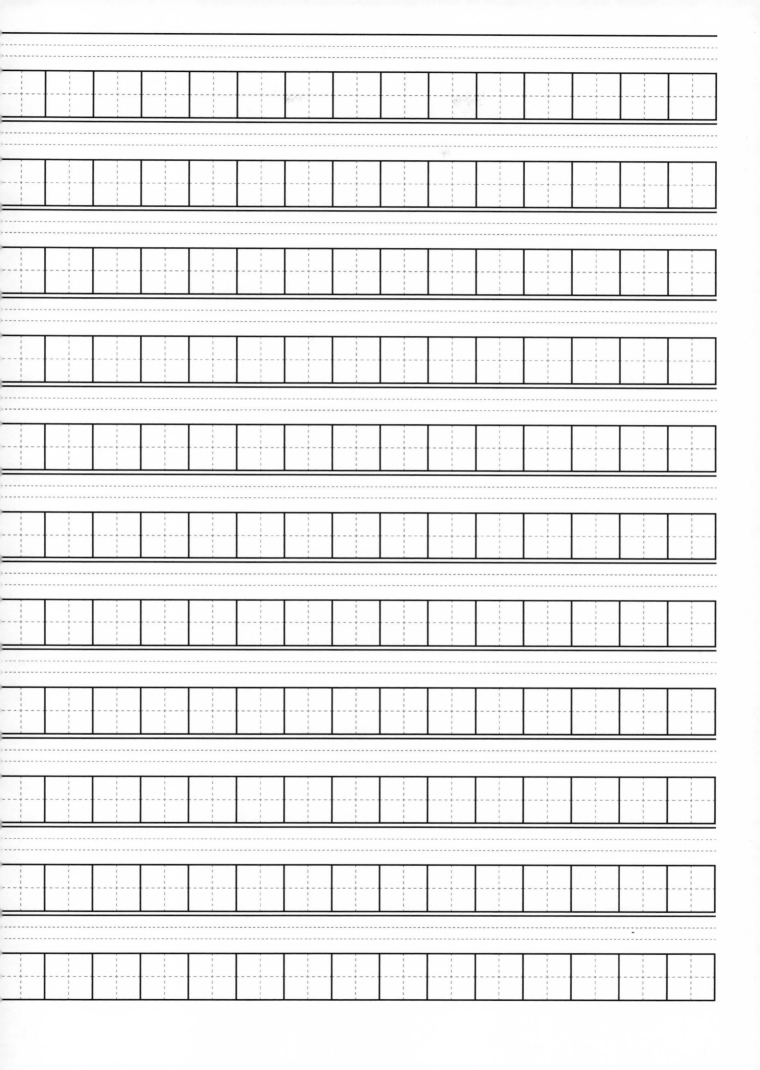

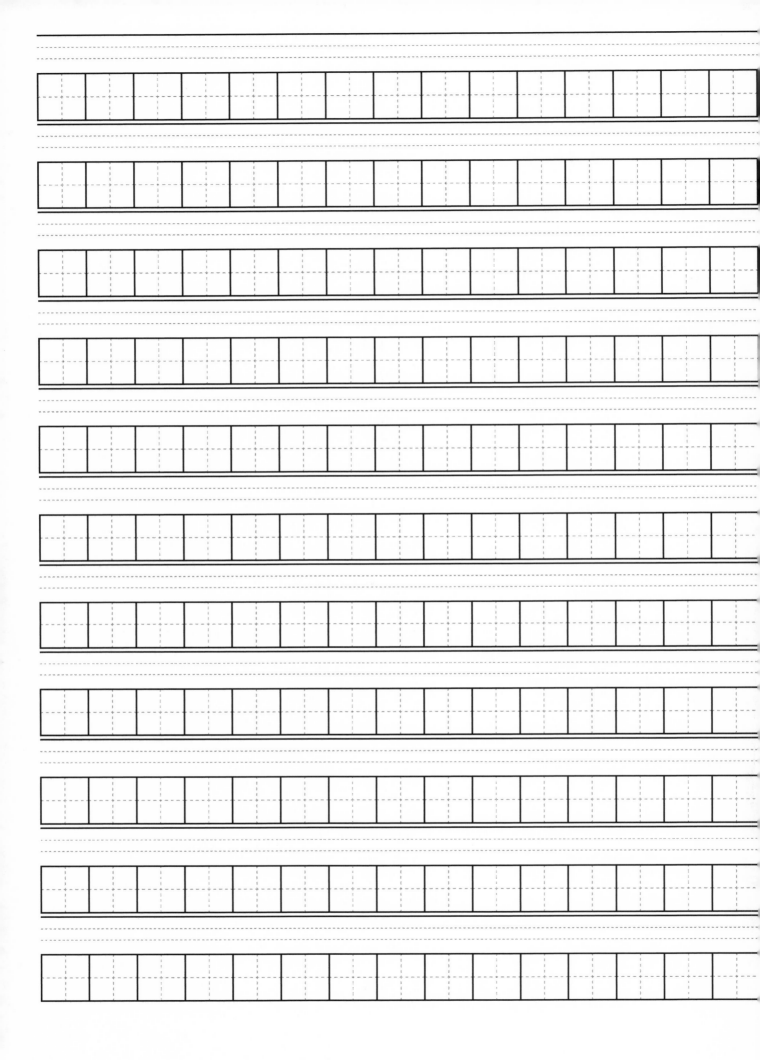

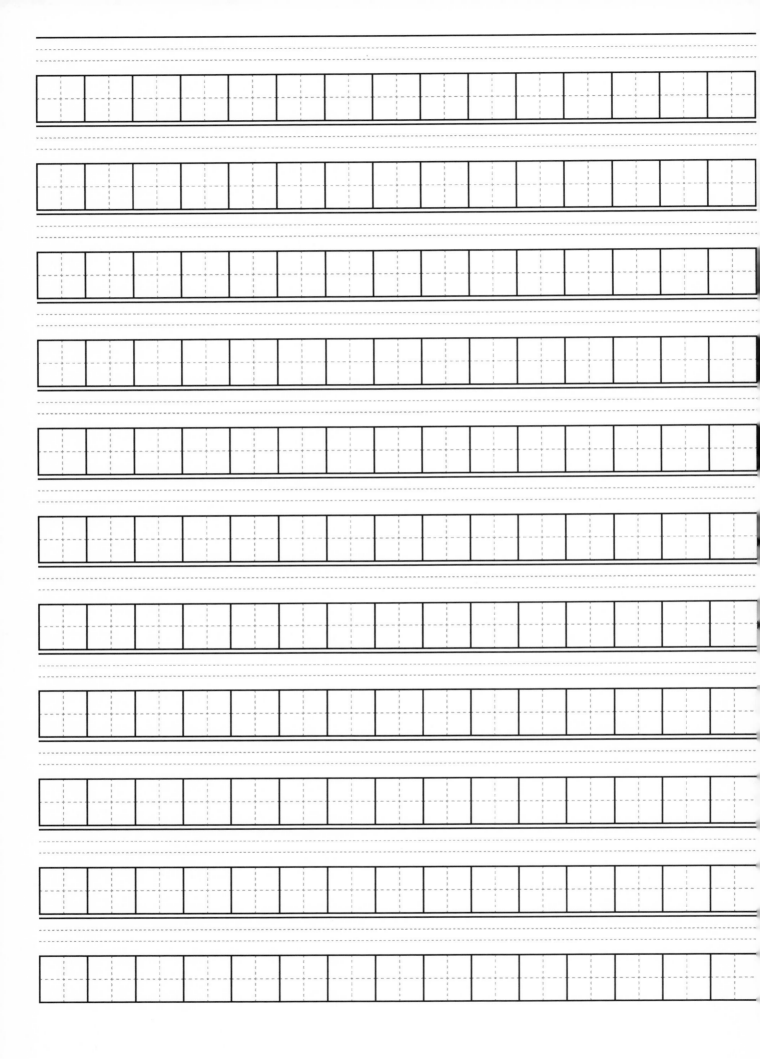

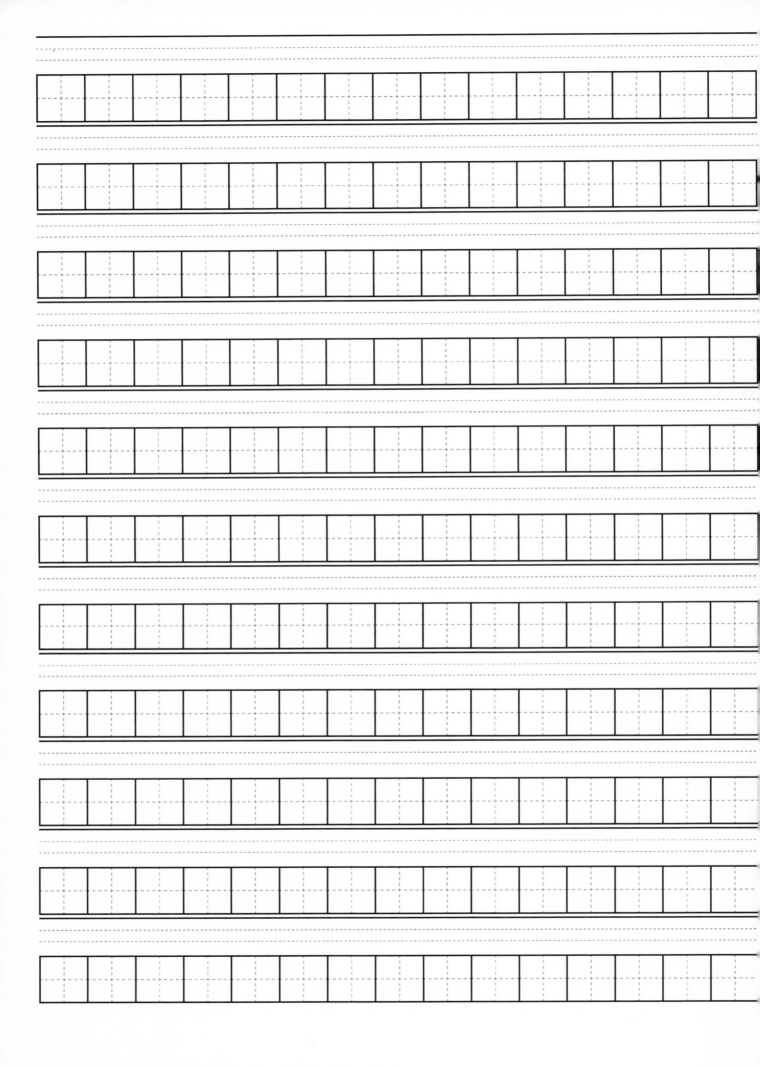

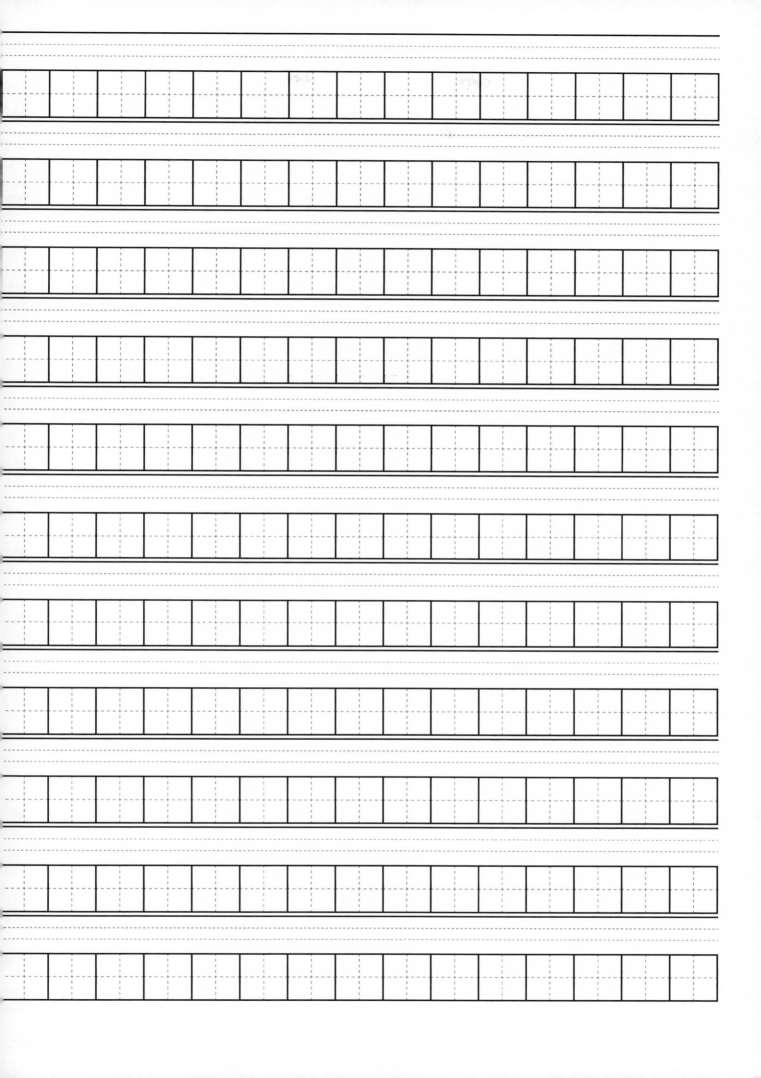

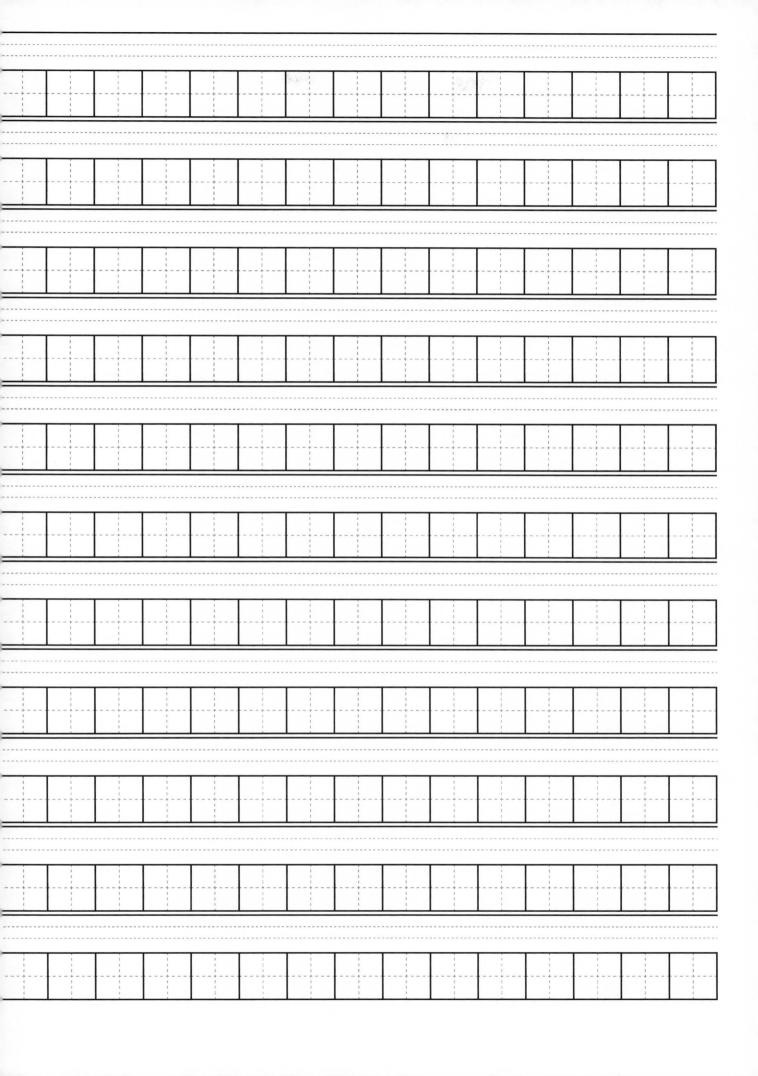

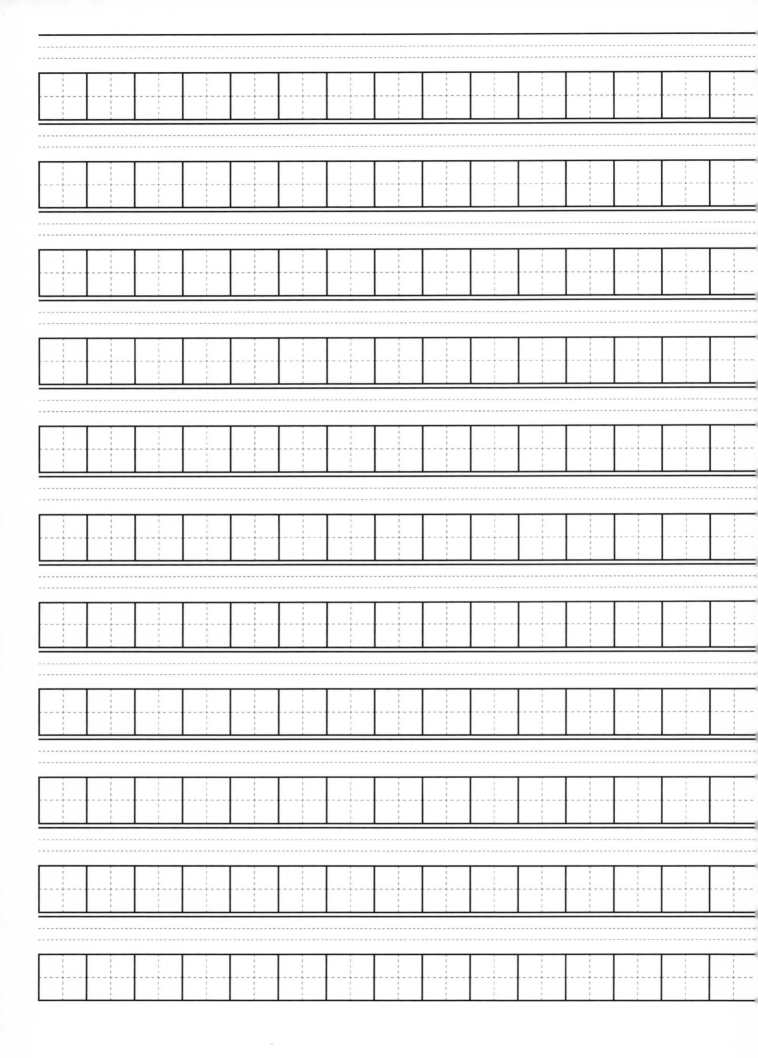

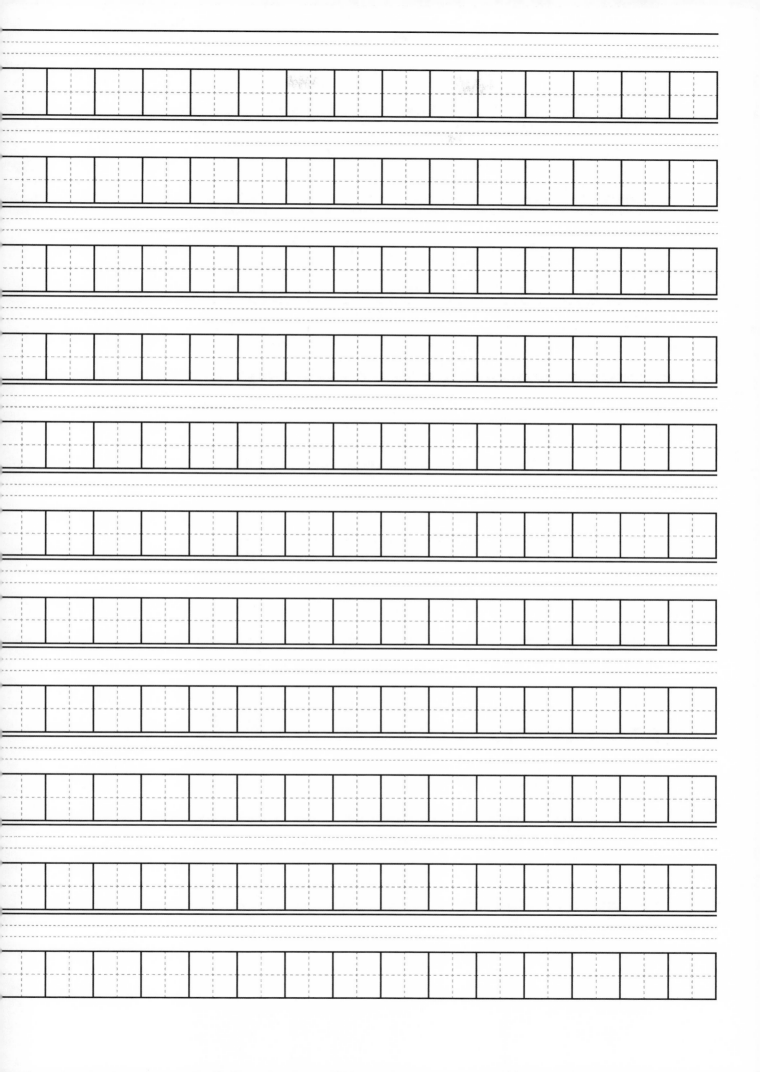

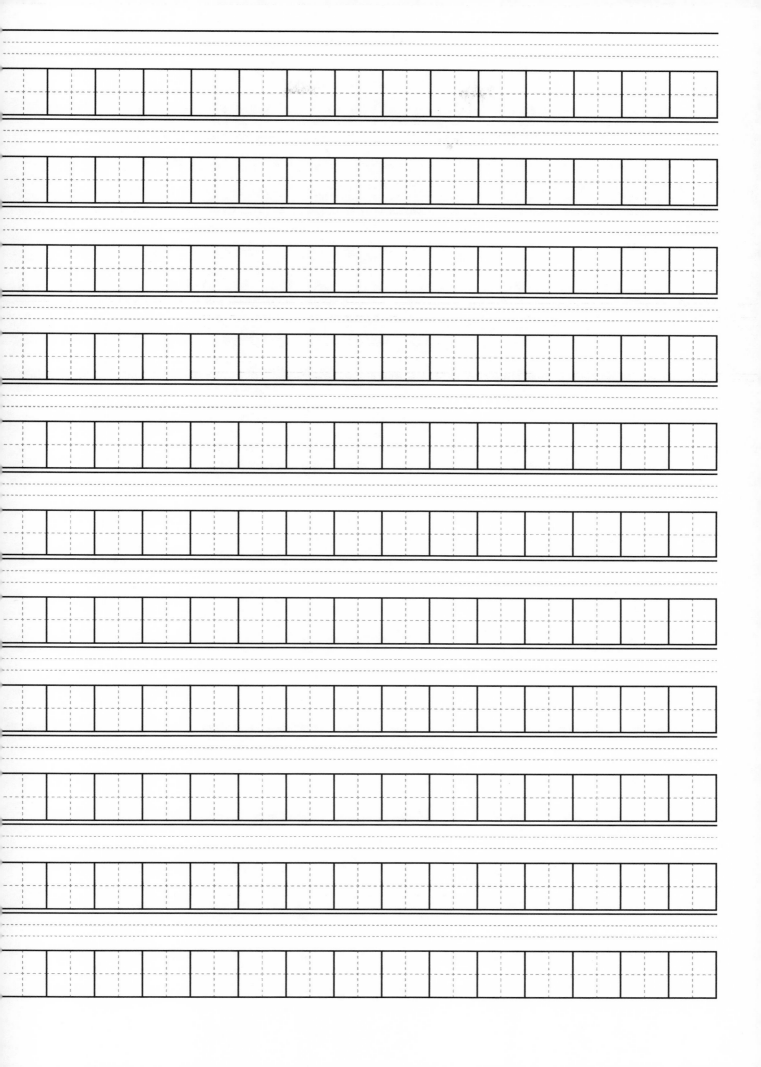

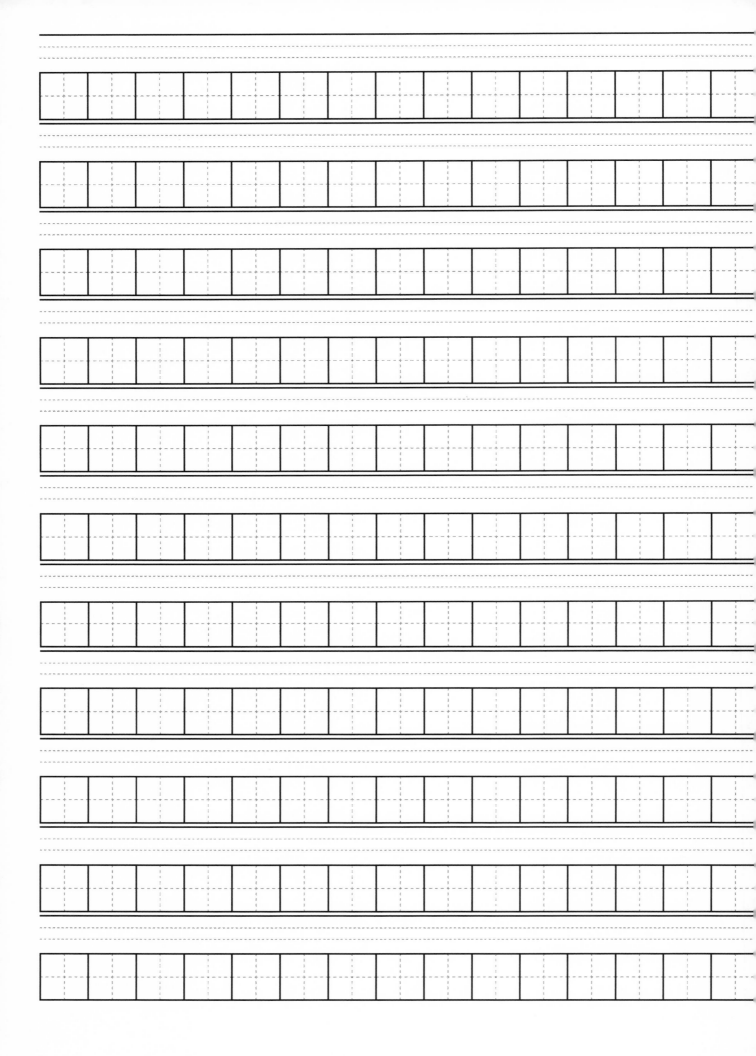

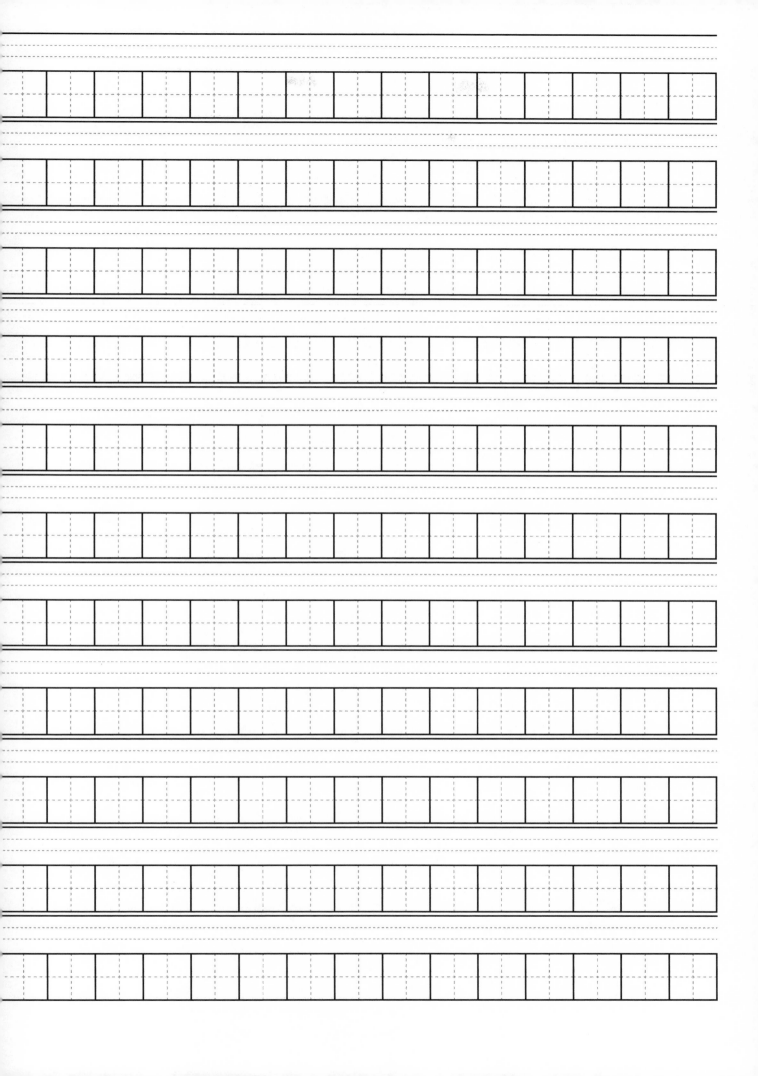

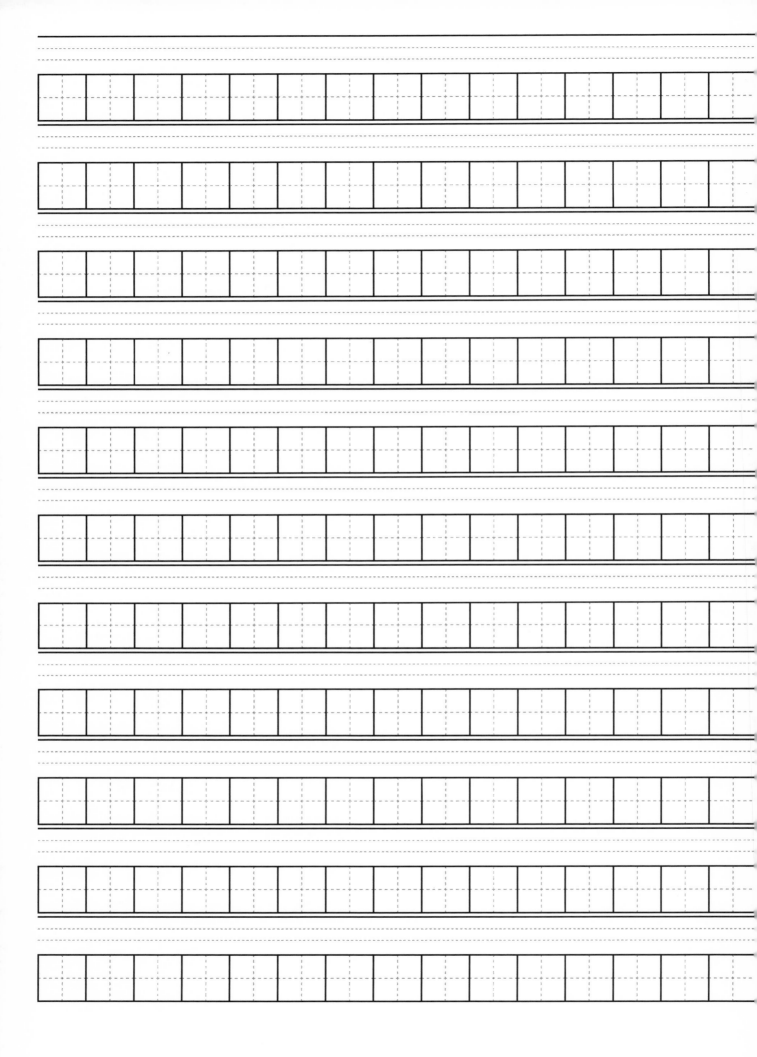

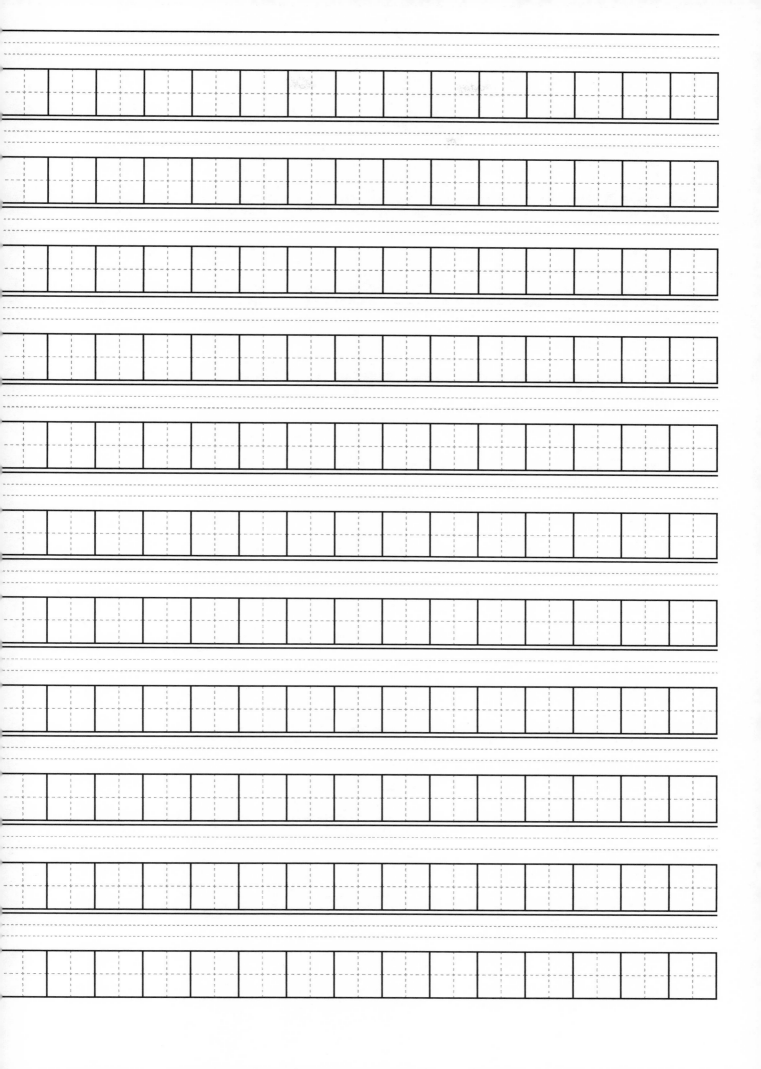

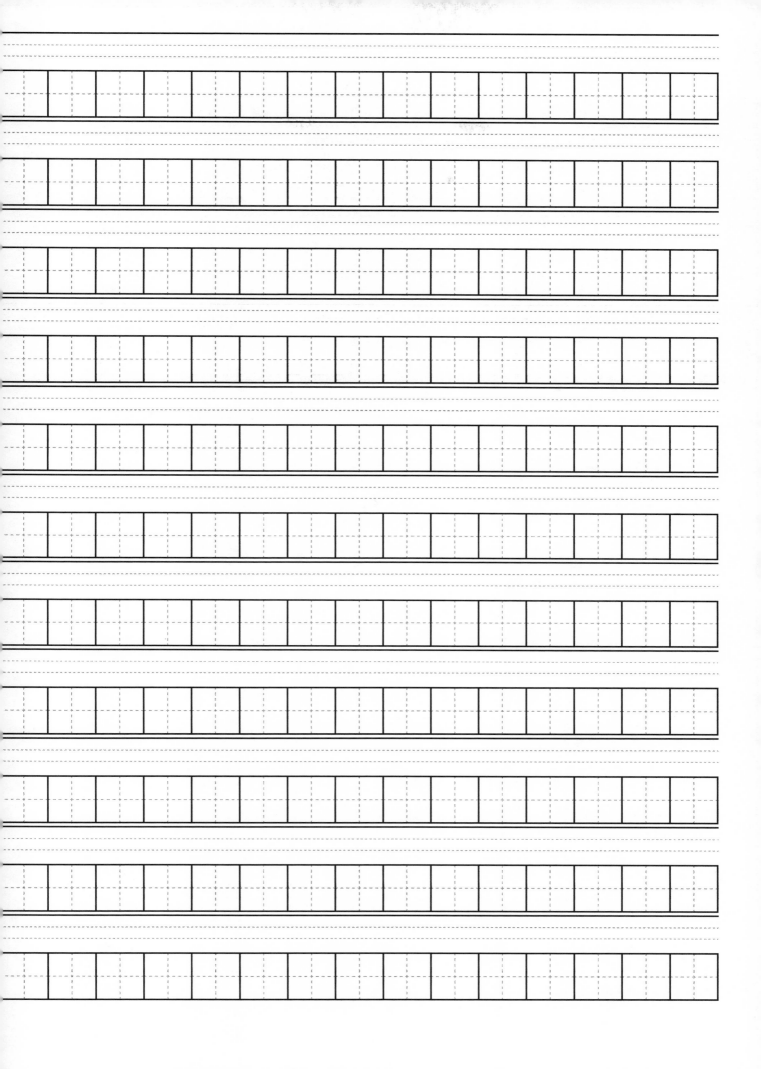

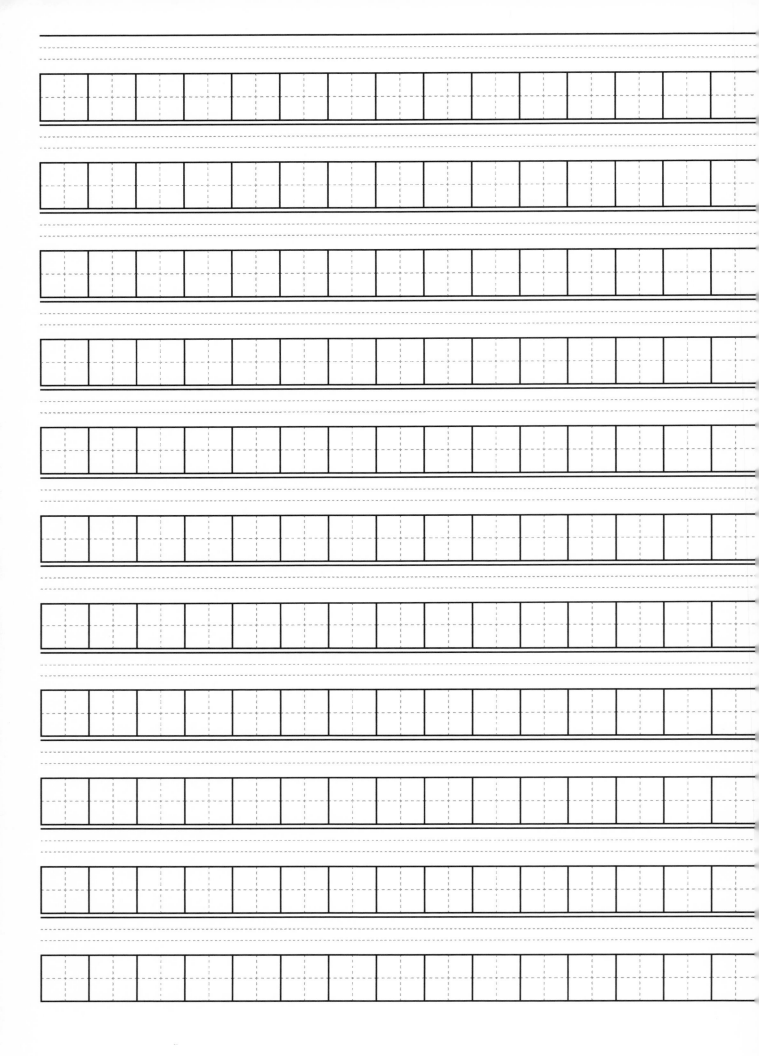

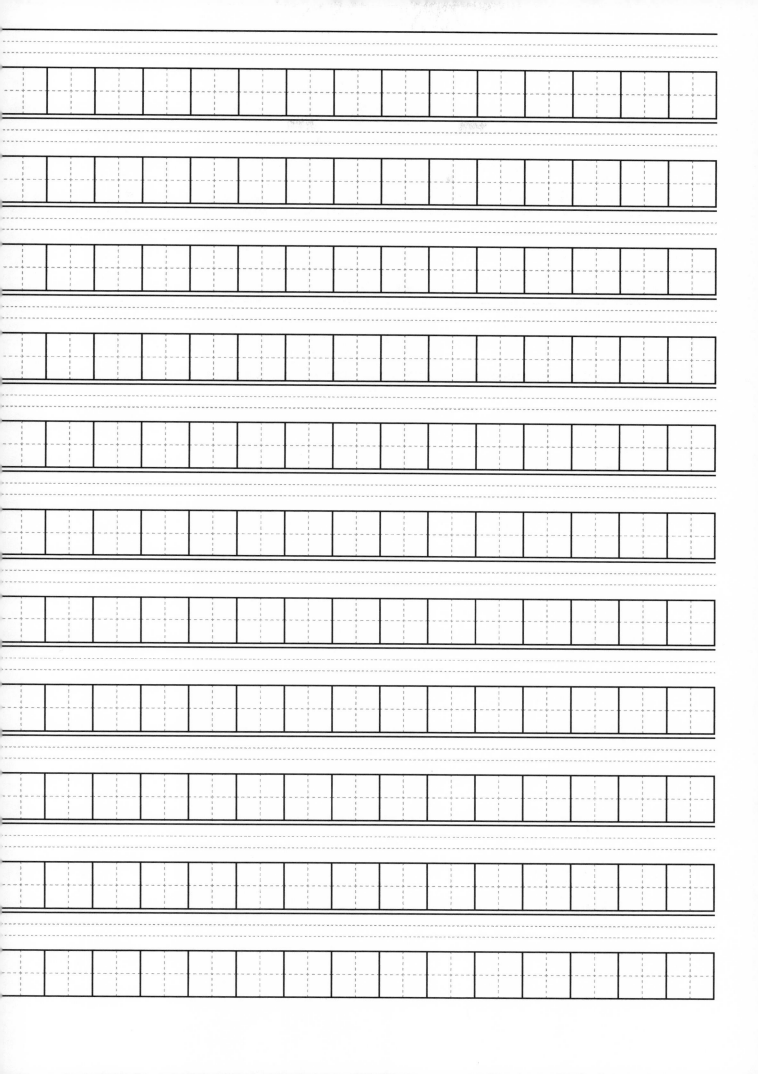

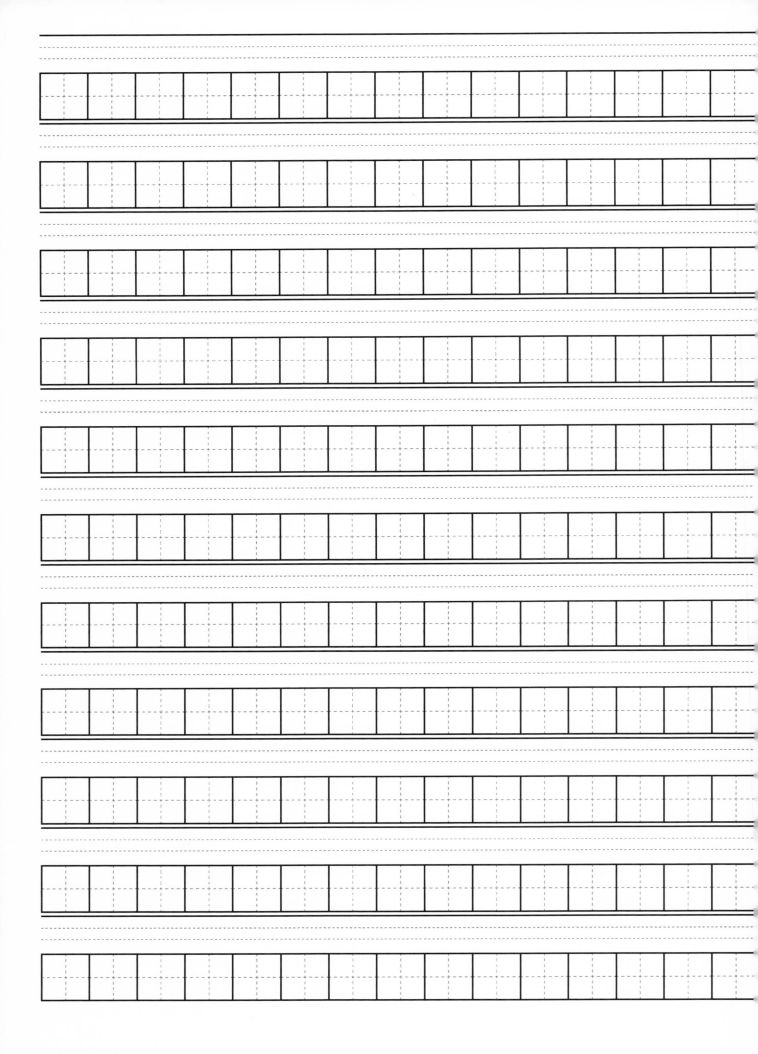

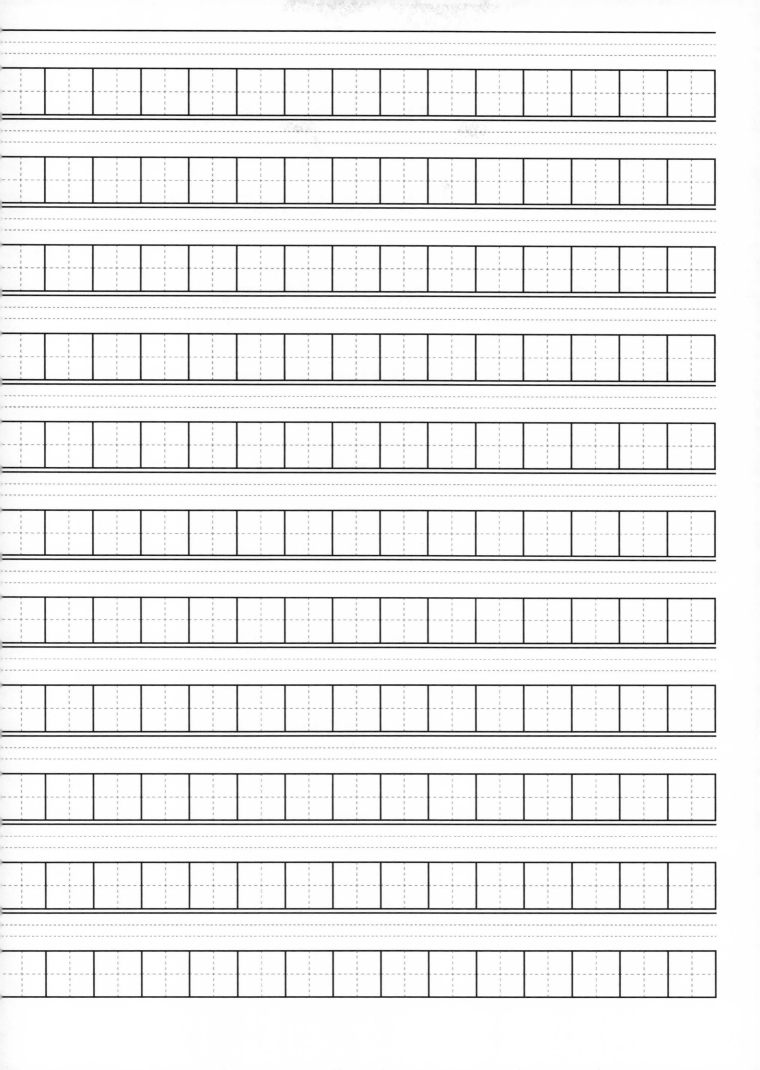

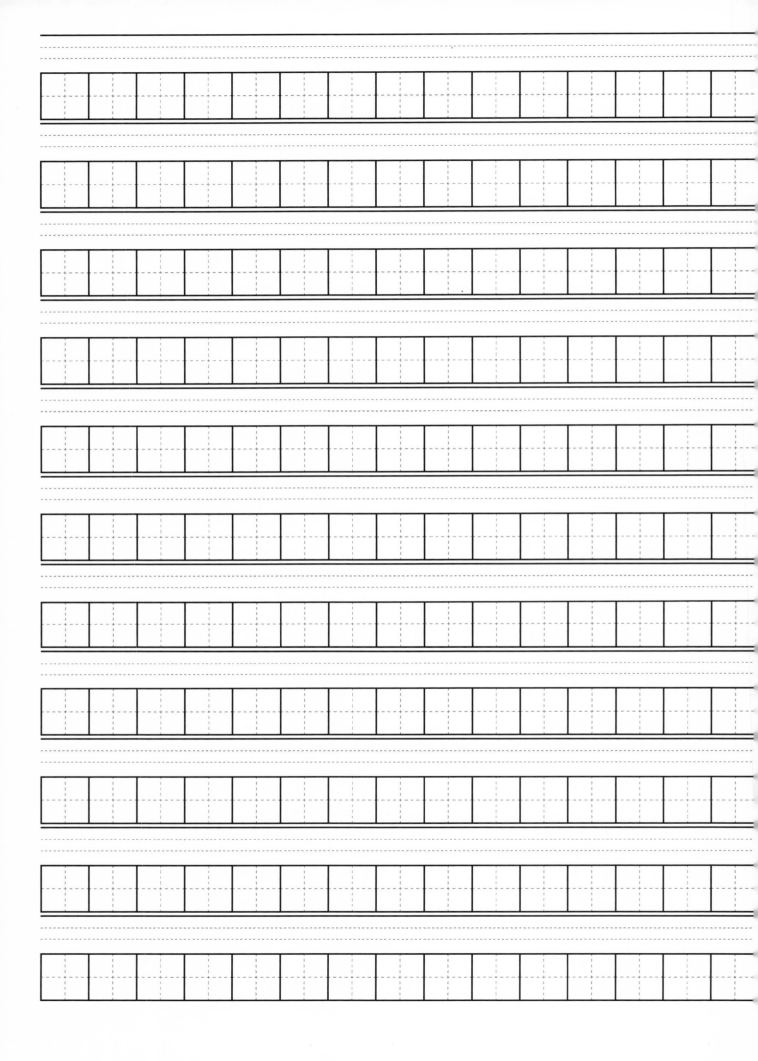

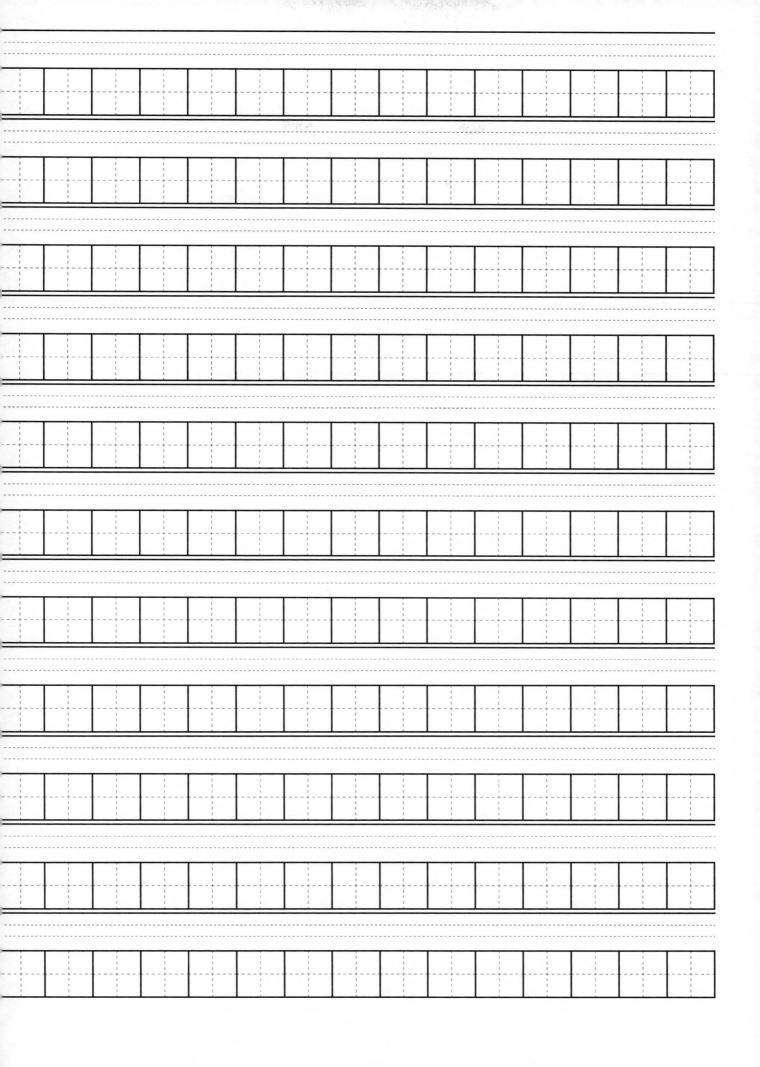

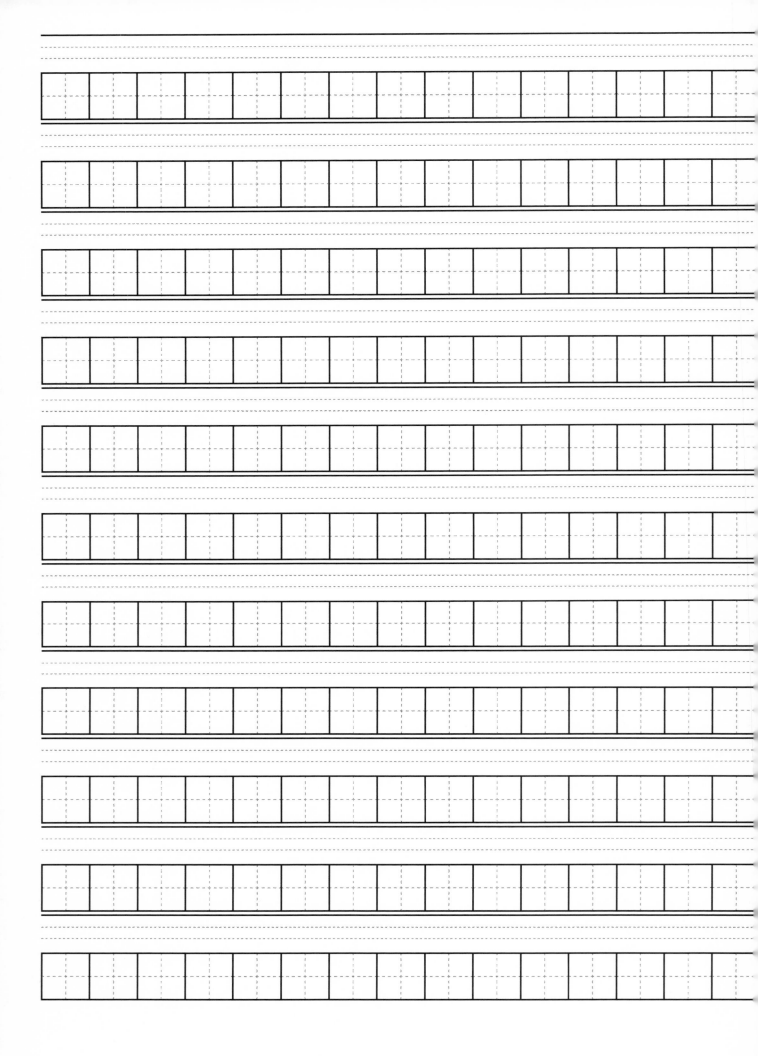

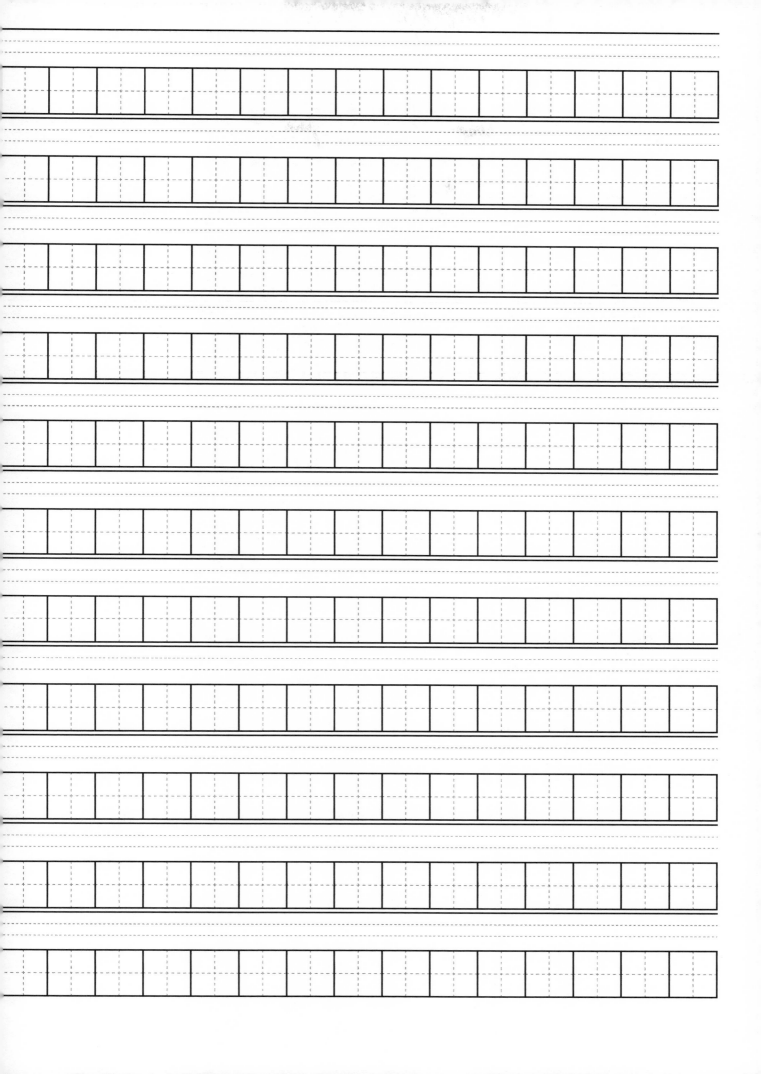

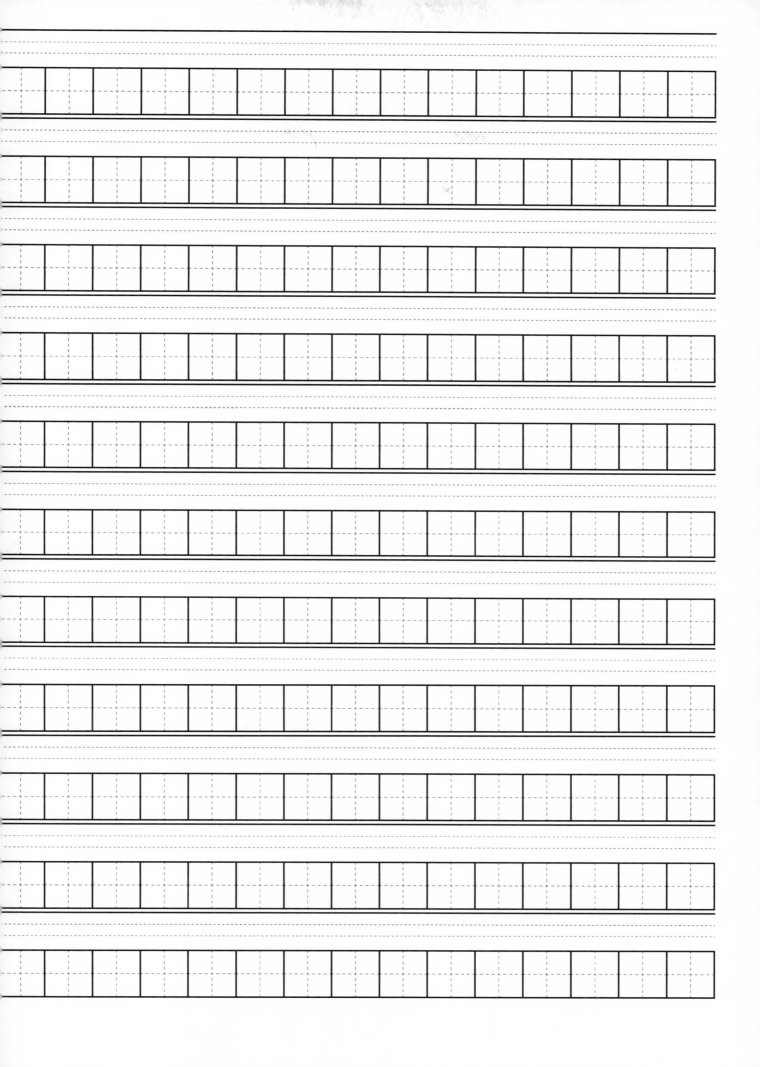

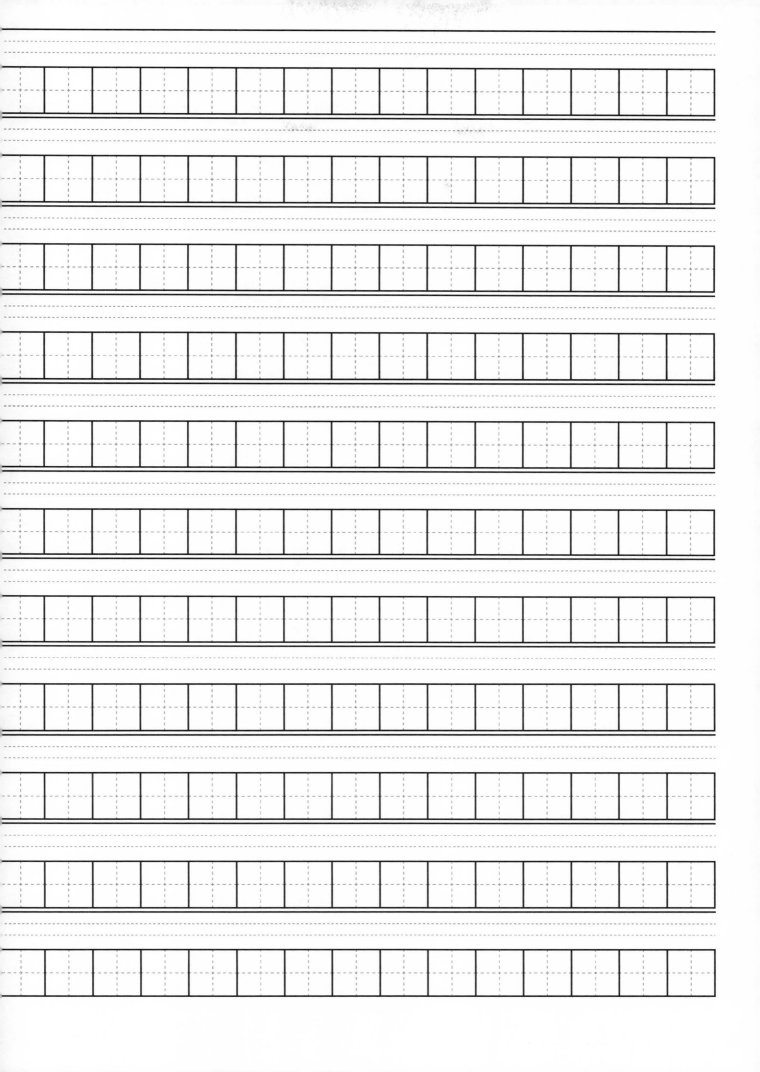

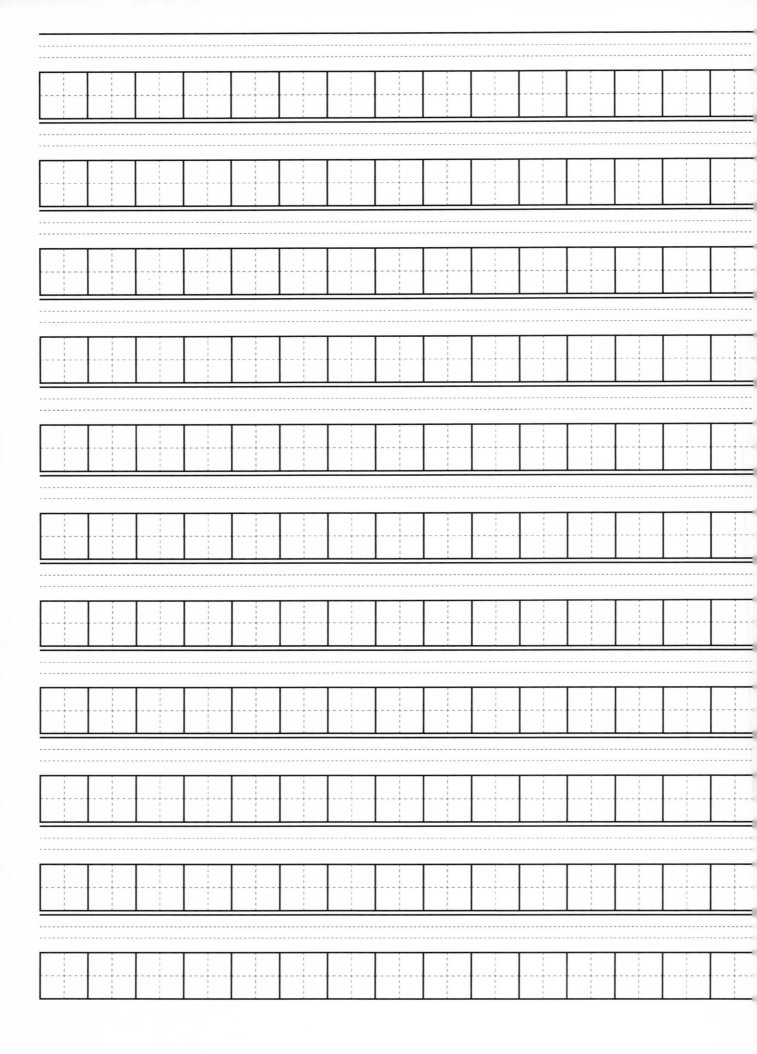

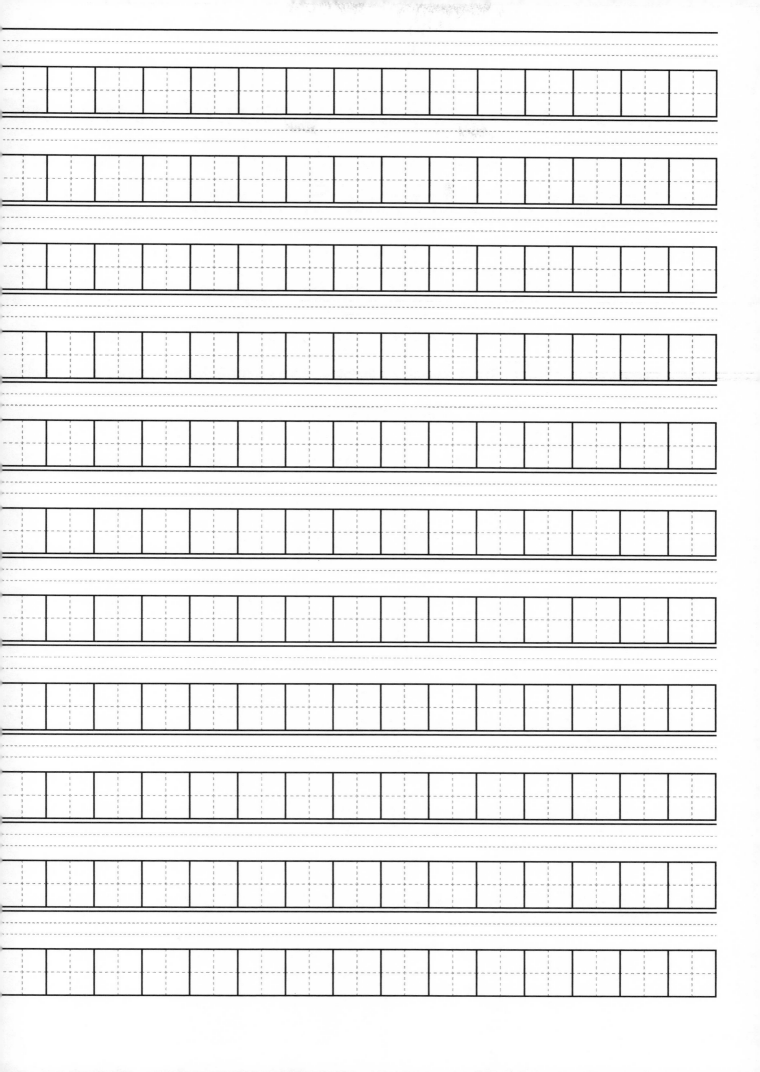

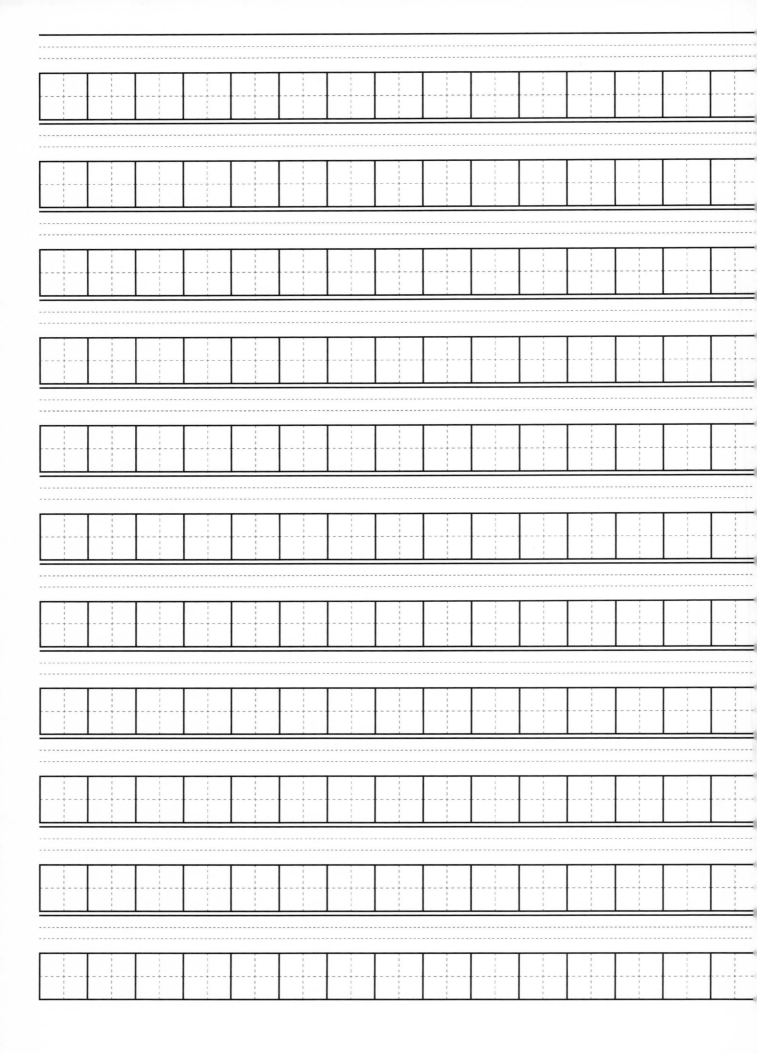

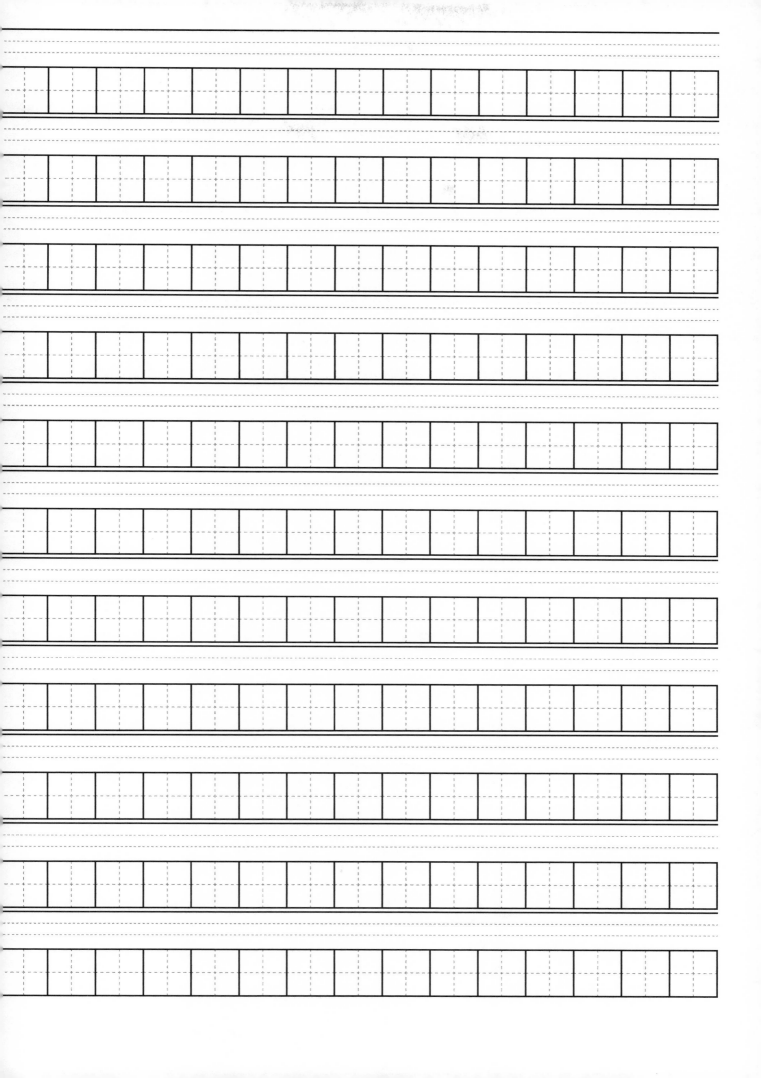

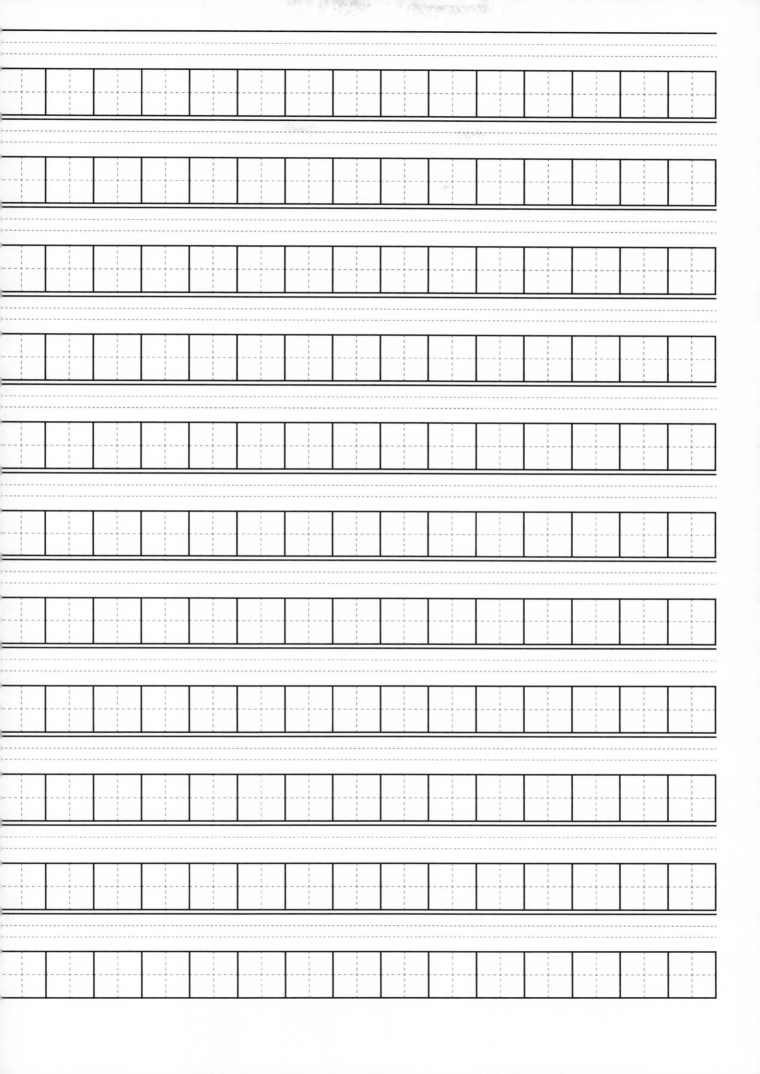

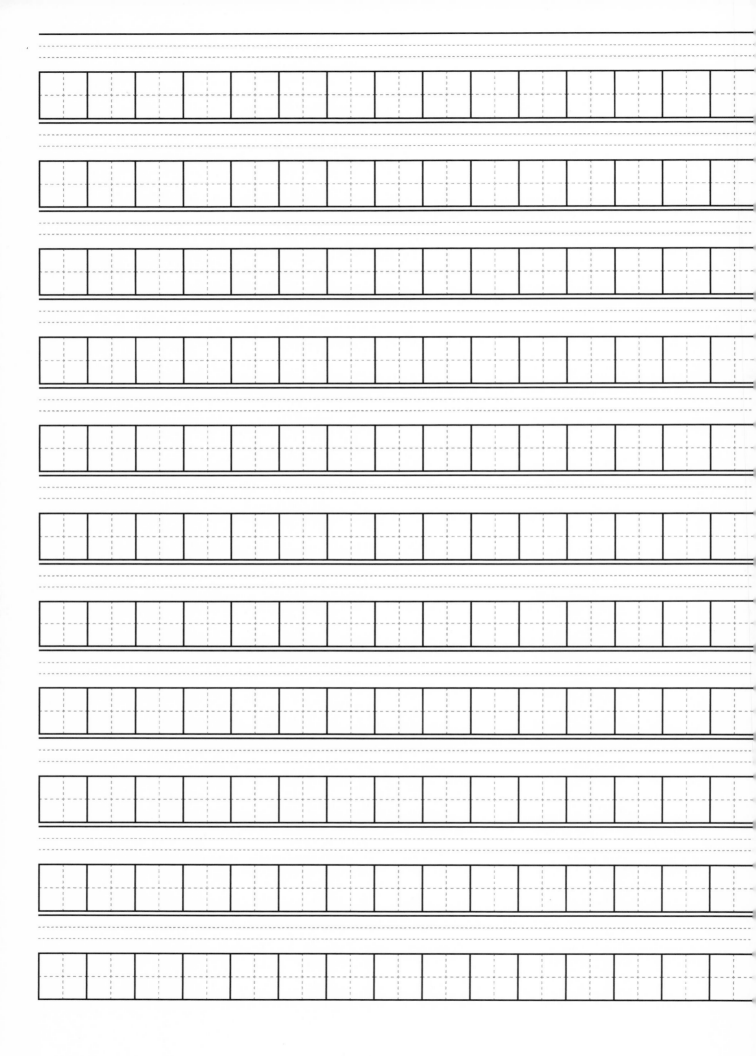

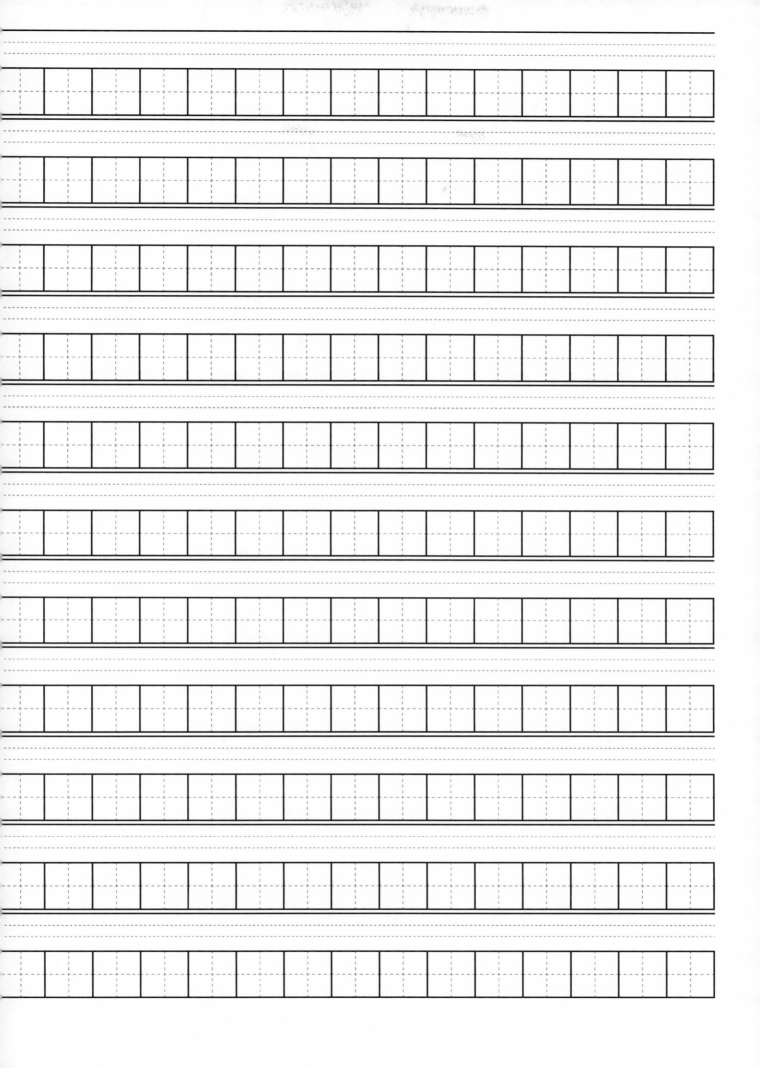

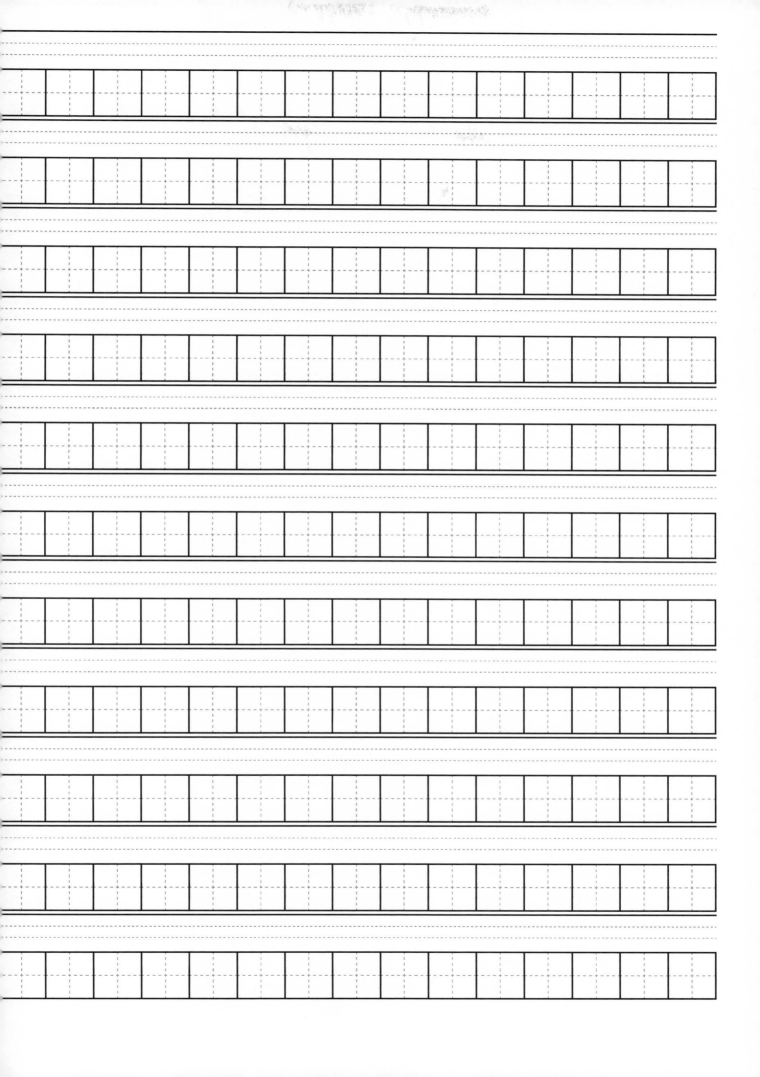

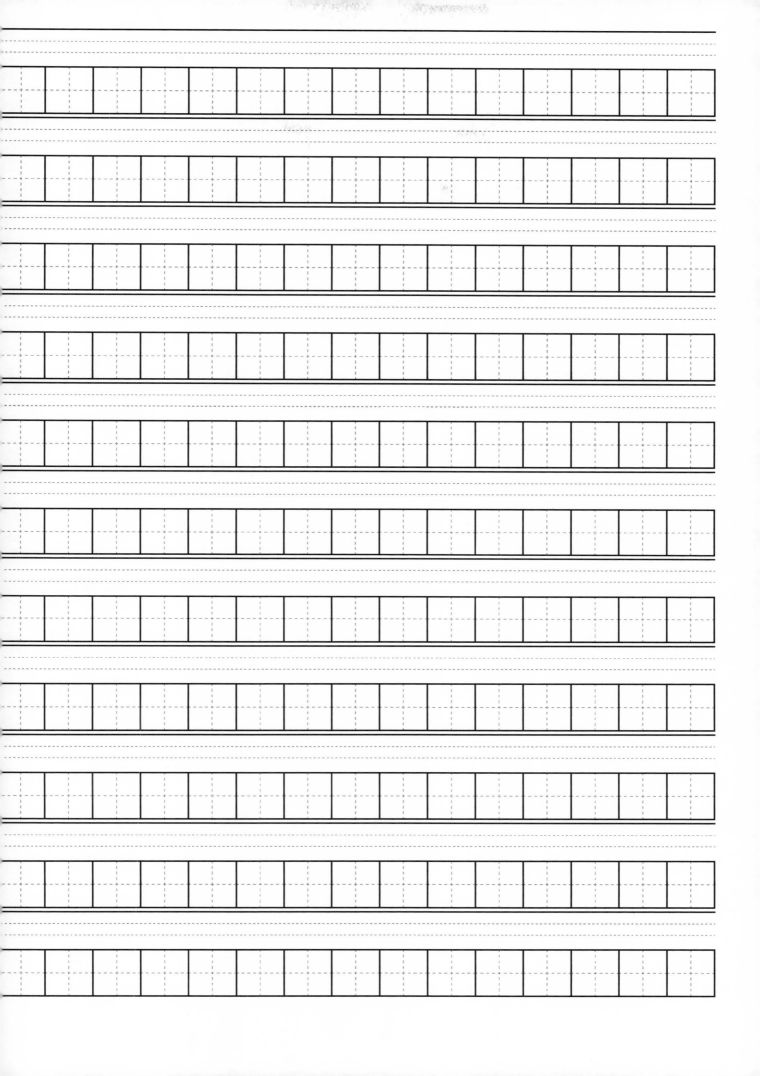

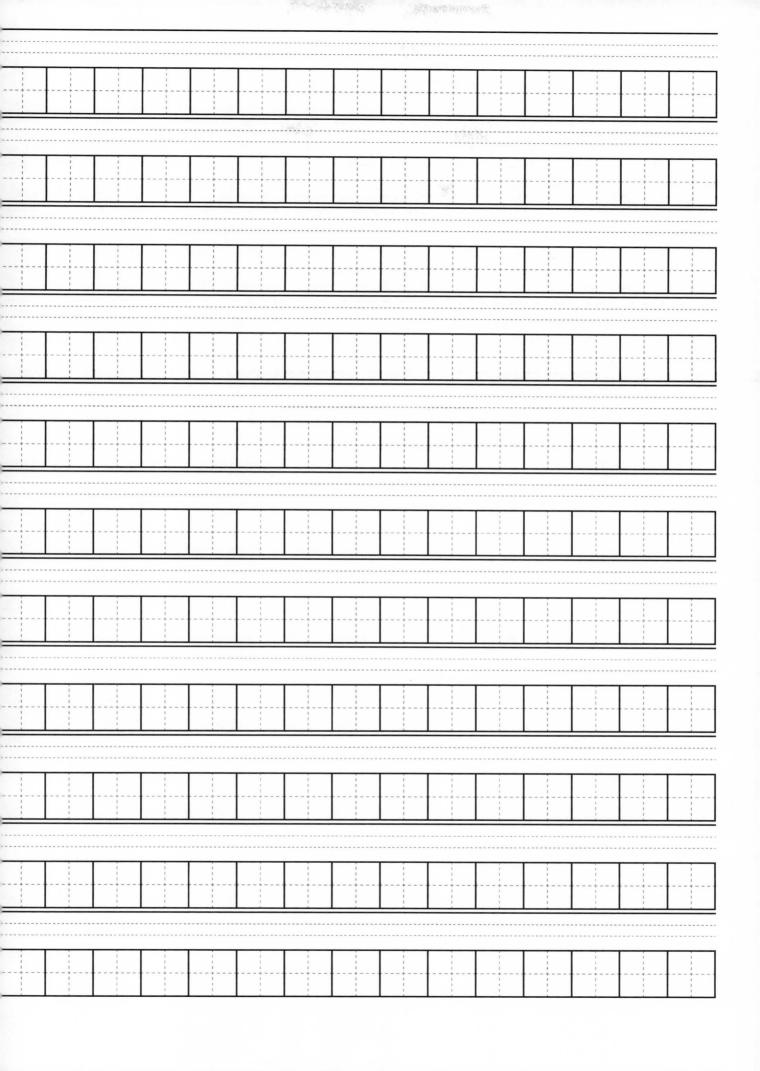

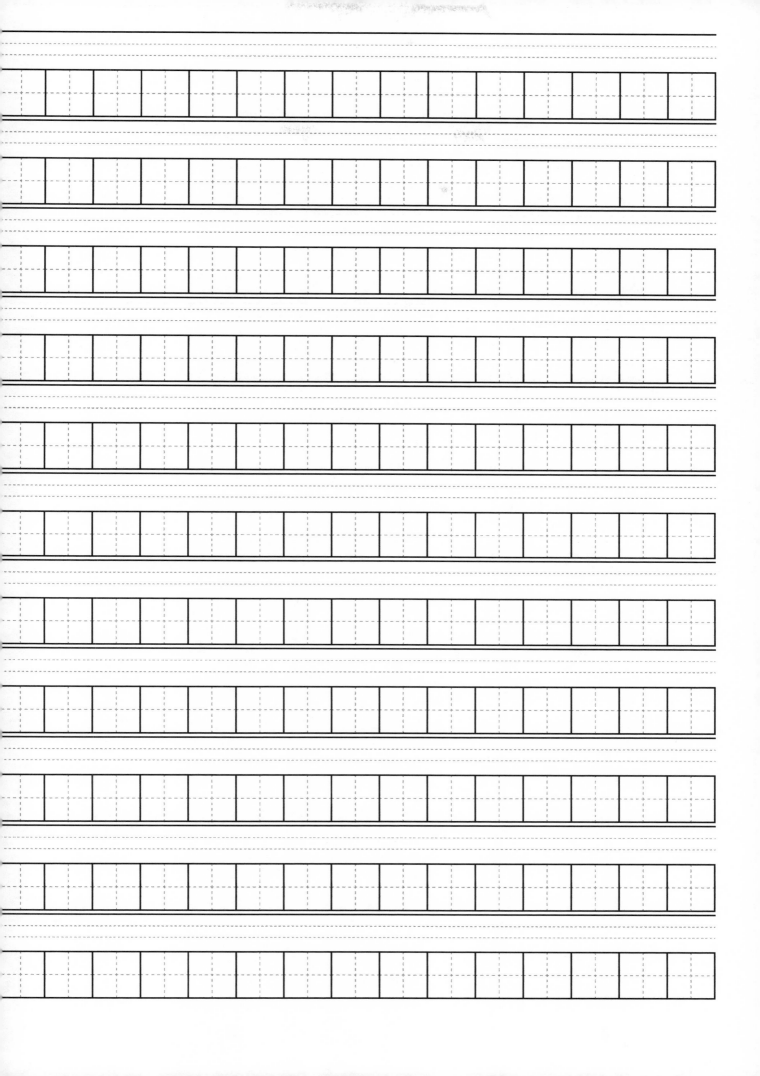

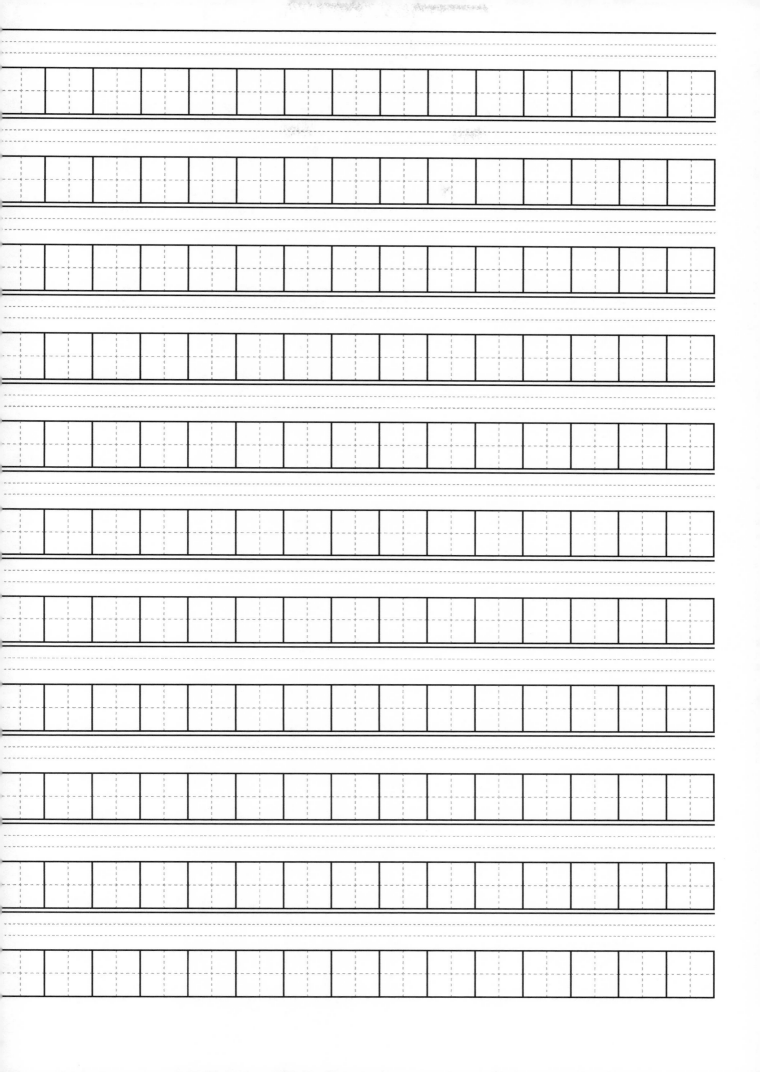

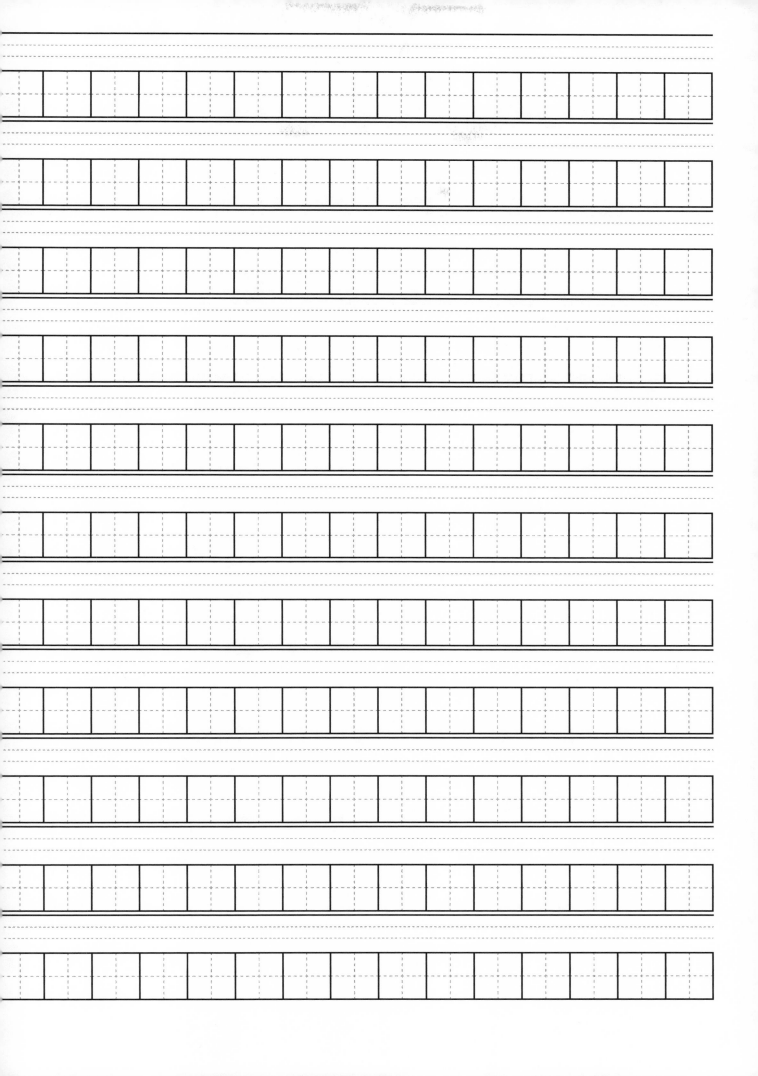

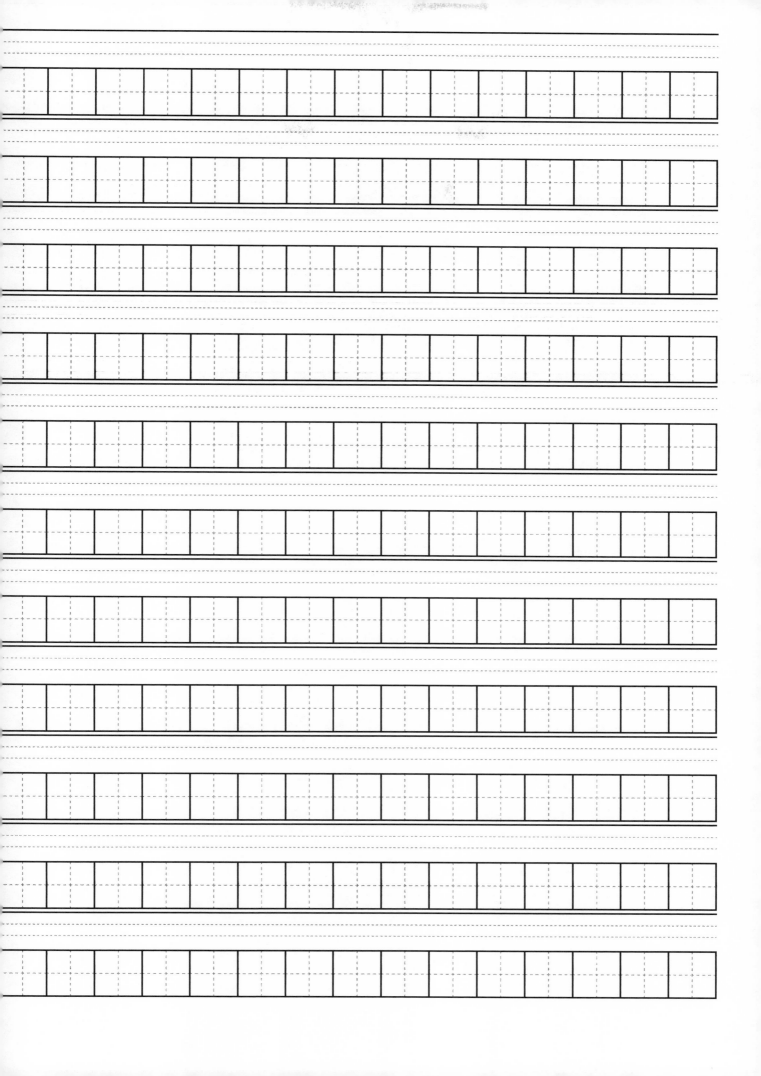

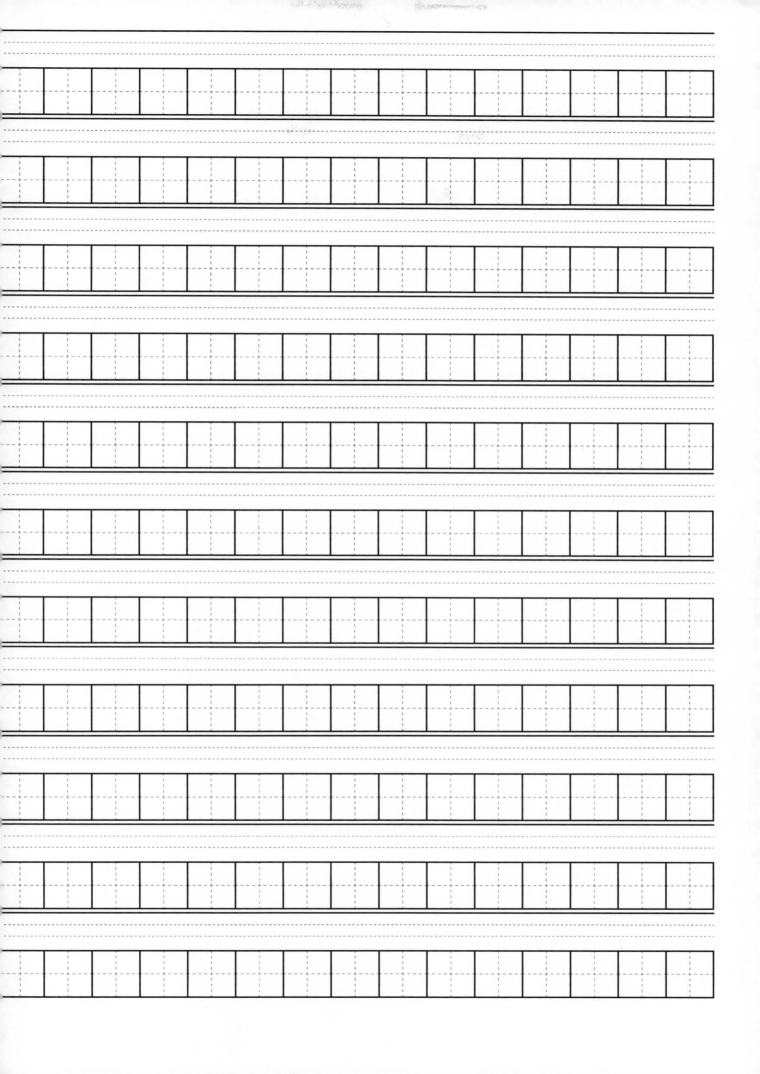

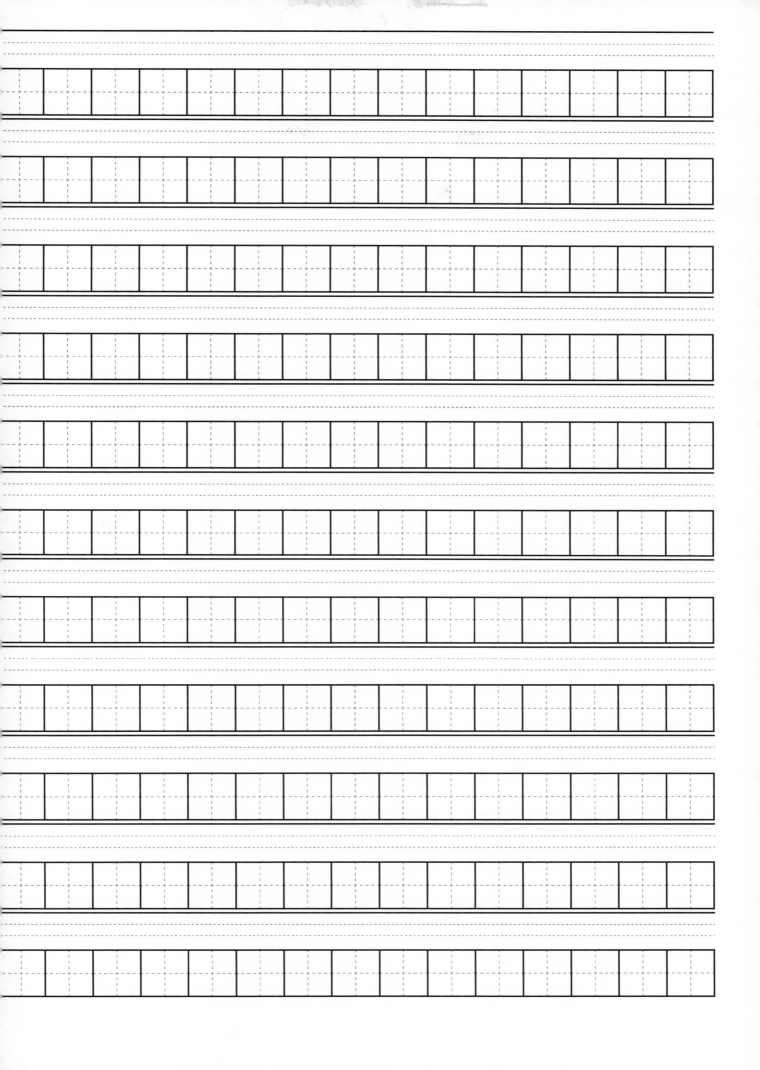

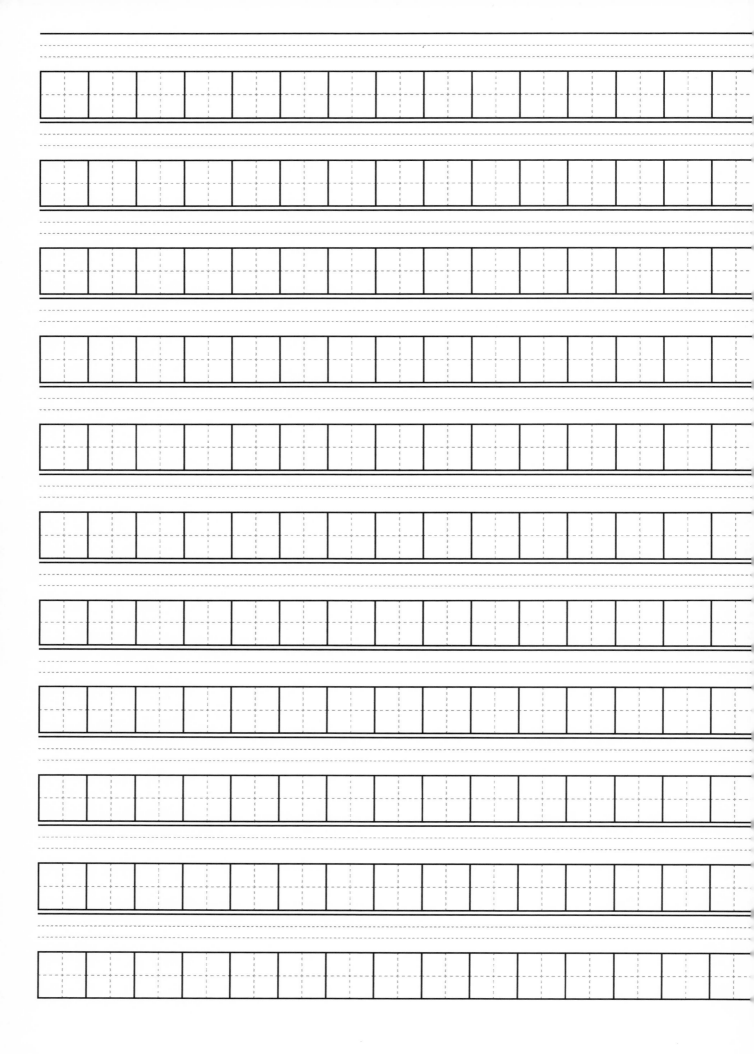

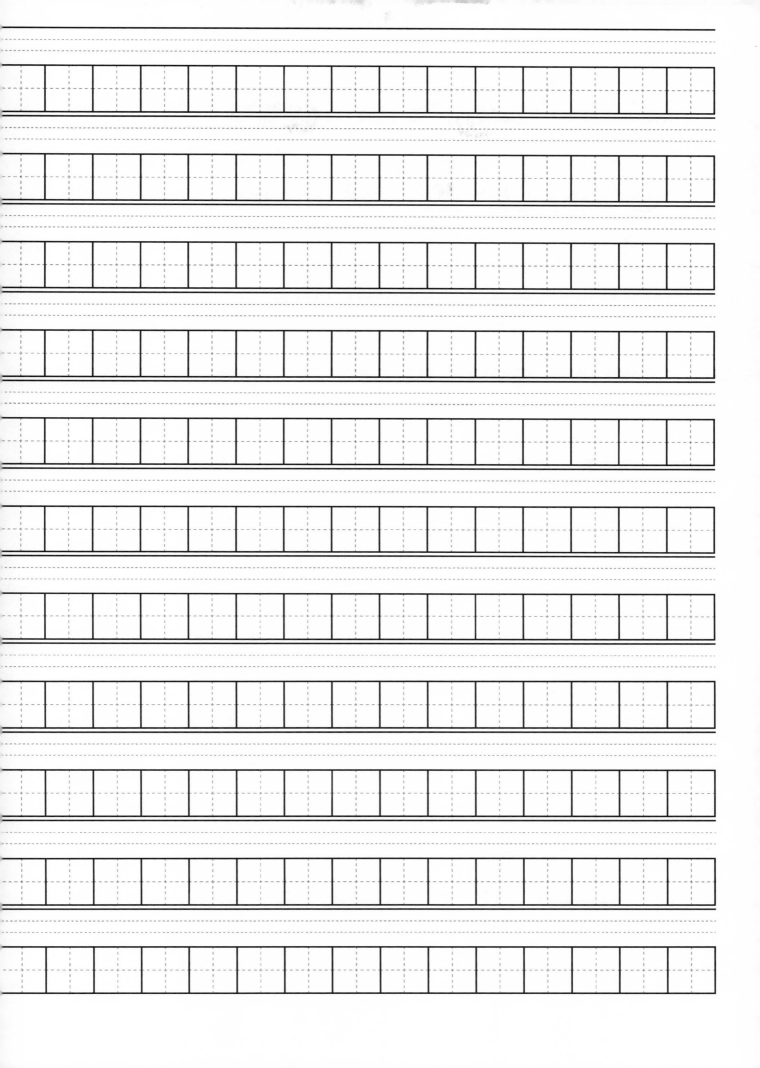

Made in the USA
Coppell, TX
02 November 2023

23724909R00081